学術研究所研究叢書第12号
交渉研究班

# 周縁資料と言語接触研究

奥村　佳代子　編著

関西大学
東西学術研究所

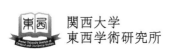

# はじめに

奥　村　佳代子

関西大学東西学術研究所言語交渉研究班は「周縁からのアプローチを基盤とした近代における東西言語文化交渉研究とアーカイブ構築」目標に立ち上げられた研究班であり、一貫して「周縁からこそ見えてくる」「ものごとの本質」を探り、それを立証すること、周縁からのアプローチをひとつの方法論として確立していくことを目指しつつ、各研究員が近代における東西の言語文化交渉の諸相を明らかにしようと、それぞれの研究テーマに取り組んできた。

アーカイブ構築に関しては、関西大学総合図書館や個人文庫に所蔵されている貴重資料のデジタル化とその公開に向けて10年近く取り組んでおり、現在も実践中である。言語研究では、文献資料の記述に関する地道な調査は研究の基礎となることが多く、資料閲覧の柔軟性を高めることは、研究の柔軟性を高めることにも繋がると期待できるだろう。

また、特に直近の1、2年は、資料の単なるデジタル化ではなく、人文情報学に対する意識が高まりつつあり、従来の伝統的な研究の手法に加えて、テキストの情報を統計的に分析し時系列で可視化するNgram-Viewerや、特定の語彙や表現の使用回数をもとに著者や作風を判別するテキストマイニング等の情報学の手法を取り入れた研究方法の試みを開始しつつある。

本書は、言語交渉研究班の研究成果報告書であり、各研究員が3年にわたり個々に進めてきた研究成果のうち、代表的または最新の論考を1篇ずつ収めた。全7篇の著者と論題は以下のとおりである。

内田慶市　新しく発見された『燕京婦語』の写本について

沈　国威　言文一致に見られる現代中国語のモダニティー――その語彙的基盤について

乾　善彦　漢文訓読と和歌散文連接形式の展開

奥村佳代子　『生意襍話』における北京官話の特徴

田野村忠温　『暎咭唎国訳語』の編纂者と編纂過程――中国最初の英語辞典の分析――

高田時雄　チベット語譯『大唐西域記』中の「今地名」注記

玄　幸子　内藤文庫所蔵の敦煌文献写真資料について

いずれも、言語交渉あるいは言語接触研究を牽引する論考であり、新しい見地が示された意欲的な内容である。今後の研究の進歩のため、ご叱正をいただければ幸いである。

付記

本研究班は、元々は内田慶市名誉教授の呼びかけで誕生し、内田先生が主幹を務められていたのだが、定年によるご退職に伴い、奥村が引き継いだ。

2023年1月10日

# 周縁資料と言語接触研究

## 目　次

# 新しく発見された『燕京婦語』の写本について

内　田　慶　市

## 1　ことの起こり

2021年11月の世界漢語史教育研究学会年次大会で以下のような『燕京婦語』に関する発表が行われた。

孟广洁：《燕京妇语》女性化语言特征研究（2021.11）

この報告は『燕京婦語』の女性語という観点からの報告で『燕京婦語』研究の新しい視点を示してくれた。ただ、ここで取り上げたいのは論文の中身の問題ではなくて、孟氏がその発表の際に提供してくれた『燕京婦語』に関する新しい写本の情報のことである。

孟氏によれば、2018年に古本屋（孔夫子旧書網）で『燕京婦語』の新しい写本のものが売りに出され、その時、写真も一部アップされていたのをダウンロードした、ということで、その写真を送ってくれたのである。

ほどなくして、北京第二外国語学院の趙暁暉氏からも「『燕京妇语』的作者及版本问题」（2022.3.未定稿）という論文が送られて来て、そこでも同じような画像が付されていた。

趙氏の情報では、2018年のオークションの情報がネットに公開されおり、その時の売り手が公開した27枚の画像であった。

2018年4月14日晚上8点整在网上举行精品古籍善本专场拍卖。共

拍古籍十五件、其中第九件即为清末民国间抄本《燕京妇语》。（赵2022）

私は以前に鱒澤文庫（鱒澤彰夫氏旧蔵書を関西大学東西学術研究所が寄贈を受けたもの）の解説において『燕京婦語』を「天下の孤本」を称したが、実はそうではなかったのである。

さて、今回発見された『燕京婦語』からはこれまで分からなかった幾つかの点が明らかになった。特に、著者、訳者の問題が一気に解決され、成書年代に関しても大体の時期が特定された。

鱒澤彰夫氏はかつて『燕京婦語―翻字と解説』（好文出版、1992）で以下のように著者、訳者、及び成書年代を推測されていた。

先ず、著者及び訳者に関しては以下のように述べている。

北邊白血は、富山、新潟、荘内地方の出身者の可能性がある。（219頁）

また、成書年代についても次のように言う、

上冊表紙一の右に「丙午歳在青原山」とある。そして、第11課に日本軍が奉天、鐵嶺を占領したことが述べられている。奉天占領は、明治38年（1905）3月10日、鐵嶺占領は、同月16日のことであるから、この「丙午歳」は、翌明治39年（1906）であろう。（220頁）

鱒澤氏の次の指摘も重要である。

第四課に登場する、「川島」という夫人については、當時北京の高等巡警學堂監督・川嶋（ママ）浪速の夫人川嶋福子をモデルにした可能性もあると思われるのである。さらに、第11課では、日本軍の奉

> 天、鐵嶺占領、さらには増将軍（盛京将軍・増祺であろう）の無事を「王爺」より早く知ることができ「王爺」の得た情報に確認を與えることのできた日本人が登場している。このことは、その人物が日本軍と關係の深い人物であることを暗示しているが、彼が清國の學堂にも關係していることを考え合わせると、この人物は川嶋（ママ）浪速本人ではないかとさえ思われるのである。（233 頁）

更にこの部分に対する注には以下のようにある。

> この「王爺」＝（乙と記されている）「某王」とは、彼と親交の厚かった粛親王である可能性さえ考えられる。（238 頁）

これらの推測はいずれも後述のように当たっていると思われ、鱒澤氏の炯眼には感服するのみである。

## 2　著者と訳者、体裁等に関して

今回発見された写本には序文が付されていて、様々なことが明らかになる。序文の最後にははっきりと著者名も示されている。

> 序
>
> 語言互通、乃邦交之首務、世人有男女之别、而發言不無各異、學語言者、不貫徹男女語言之異、難免有遺憾焉、僕、生長燕京、嘗與日本士君子、談講華言、迄今十有餘載、彼此互得其益、雖工得其值、然亦僕所願盡之友誼也、然僕任警学教職、曷敢自負、顧日本諸公、重僕謹慤、又有令其夫人、或女士、向僕學言者、僕竭誠以教之、因是不揣鄙陋、於公務之暇、将都中婦女之談、隨口演出、分課逐節、

筆之於書、日久成册、乃呈於日本川島公鉴之、川島公乃北京警學監督、素諳華京語言、兼曉漢文、公曰是編可傳、俾有益於言語之學者、而川島公之夫人、及夫人之友、成田夫人、皆重言語之學、於是二夫人將是编譯成日語、成為日清合璧之談、乃謀於川島公、轉託公之友人、係日本（以下７文字判読不可）付之剞劂、以公同志、而於言語之學、不無小補、庶於邦交之道、亦有裨益云耳

光緒乙巳菊月穀旦燕京王恩榮謹序

この序文では、先ず、次のように、言語には男女の別があることが述べられる。

この世には男女の別があり、そのことばもみな違っているので、ことばを学ぶ者は、この男女の言語の違いに通じていなければどうしても失礼なことになったりすることは避けられない。

これは極めて画期的なことで、こうした男女の言語の差異を明確に意識して編纂されたテキストは管見の限りではこれまで見たことがない。

更に続けて以下のように言う。

そこで公務の暇に、都の婦女の談話を随意組み合わせて、それぞれを各課に配し章立てしていったが、それが日を重ねて一冊の本にまとめられるぐらいになったので、川島公に監修をお願いした。川島公は北京警務学校の監督で、北京のことばと漢文にも通暁しておられるが、「これは確かに世に出すべきで、必ずやことばを学ぶ者に有益である」と述べられた。また、その夫人と夫人の友人の成田夫人もことばの学習を重視しており、そこで、この二人の夫人に日本語に訳してもらって、「日清合璧」の会話書としたい。

また、序の日付は「光緒乙巳菊月穀旦」、つまり「1905年陰暦9月吉日」であり、著者もはっきりと「燕京生まれの」「(北京) 警務学校で教鞭を執っている」「王恩榮」と記されている。

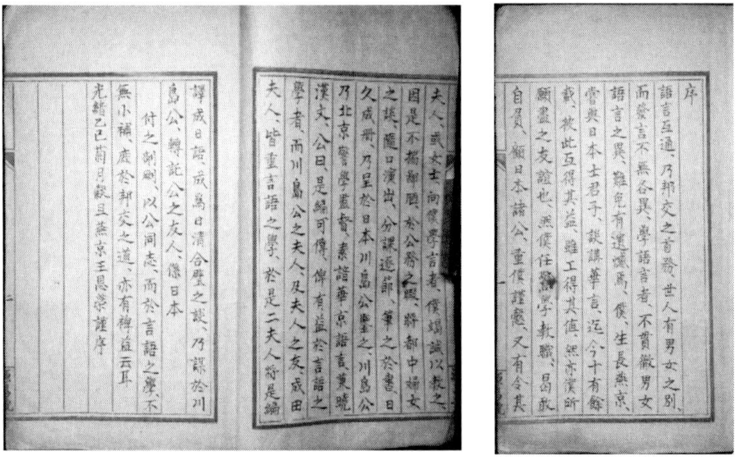
序
語言互通、乃邦交之首務、世人有男女之別、
而發言不無各異、學語言者、不貫徹男女
語言之異、難免有遺憾焉、僕、生長燕京、
嘗與日本士君子、談講華言、迄今十有餘
載、彼此互得其益、雖工得其值、然亦演所
願盡之友誼也、茲僕任警學教職、冒啟
自覺、願日本諸公、重復謹慎、又有令其

夫人、或女士、而從學言者、僕竭誠以教之、
因是不揣鄙陋、於公務之暇、將部中婦女
之語、隨口演出、分課逐節、筆之於書、日
久成冊、乃呈於日本川島公鑒之、川島公
乃北京警學監督、素諳華京語言、兼曉
漢文、公曰、是編可傳、俾有益於言語之
學者、而川島公之夫人、及夫人之友、成田
夫人、皆重言語之學、於是二夫人將是編

譯成日語、成為日清合璧之談、乃謀於川
島公、轉託公之友人、係日本
付之剞劂、以公同志、而於言語之學、不
無小補、庶於邦交之道、亦有裨益云耳
光緒乙巳菊月穀旦燕京王恩榮謹序

図1　序

なお、著者、訳者、監修者については本文の冒頭にも以下のように示されている。

著者：燕京王恩榮
訳者：日本　川島福子
　　　仝　成田芳子
監定：仝　川島浪速
燕京　王恩榮 著作

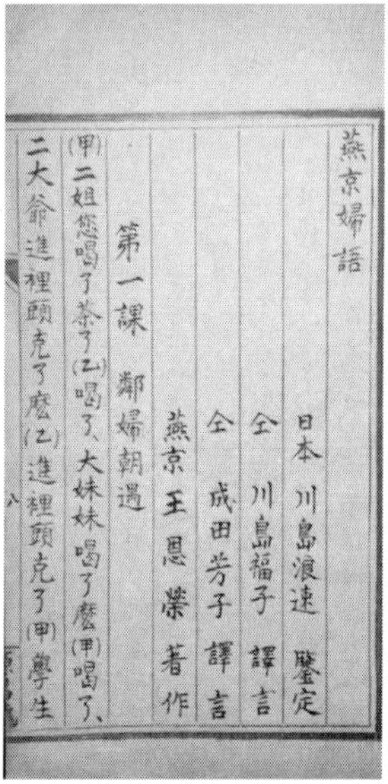
燕京婦語

日本　川島浪速　鑒定
仝　川島福子　譯言
仝　成田芳子　譯言
燕京　王恩榮　著作

第一課　鄰婦朝遇
(甲)二姐您喝了茶了(乙)喝了、大妹妹喝了麼(甲)喝了、
二大爺進裡頭克了麼(乙)進裡頭克了(甲)學生

図2　訳者等

本写本のその他の書誌的情報としては、体裁に関してはオークションの情報から21×13.5cm、全93葉（鱒澤本は24.5×16.5cm、上冊66葉、下冊63葉、全129葉）であることが分かっている。また、原稿用紙の版心には「源昌號」[1]というこの原稿用紙の店の名前がある。

著者の王恩栄に関しては、趙2022によれば、中国第一歴史檔案館の資料には次のようにあるが、生平等、更に詳しいことは今後の研究を待たねばならない。

監　　督：川島浪速
総 教 習：稲田穰

1）その後の情報（実は最近、本書を入手した研究者が判明し、その人からの情報）によれば、上海にあった紙屋ということであり、この新しく発見された版本は上海で書き写された可能性が大である。

提　　調：前田清哉

教　　習：（操科主任）堀内高一

（学科）大田原総次、鎌田弥助、浅井新太郎、和泉正藏

（管照在東京警察学生）小平総治、佐藤長次朗

（操科）金子信貫

副 提 調：相蘇清五郎

委嘱教習：（学科）北江徳次郎、阿部精二、田實優

（操科）岡田瓢

托委医務：赤羽軍医官

教　　習：長秀、承璋、瑞征、德寿

副 教 習：王恩榮、楊慶鋆

委嘱教習：唐家楨

凡例は次のようにある。

一、是書原係北京旗人所作、又有日本二女士譯成日語、所有各課男女交談、悉是官話正音、毫無舛錯、足成學語言者之捷徑、而為標準

二、各課言語、多少不同、乃將每課分節逐錄、以便於學者

三、學者固宜留心、而教者尤宜慎就、方能有益、若以不明官話之學者而教之、不但於學者無益、更有損焉

四、言語之中、字有正聲、有變聲、正聲茲不重論、如你的、我的、等類、其的字變聲為（達上平）又如怎麼著、好著的哪、等類、其著字變聲為（之）其的字亦變聲為（達上平）又如估摸是這麼著、其估字變聲為（廣下平）摸字變聲為（媽）這麼二字、讀之連速、則變聲為（正媽）諸如此類、難以枚舉、學者慎之、勿遺笑大方

五、學者每時限定讀一節、或讀二節、乃其常例、若貪多讀、有妨講課之工、難曉句聲之意、若多讀不解、何異讀辭誦賦

六、是書語言、上自王公、下及庶民、凡男女交談、悉按端莊之語、概除匪謔之言、以為士女交談之正軌

七、毎課多作問答之言、是為善法、教者與學者、常作一問一答、儼如賓主交談、最為學者之便益

八、毎課何人與何人交談、必須記明、如中國人與外國人交談、則於毎言句上、以中外等字記之、如華人彼此交談、則以甲乙等字記之、如中外人會談、人較多者、亦以甲乙等字以記之、此法學者易明

このうち、注目すべきは以下の点である。

① この本は「北京旗人」の手によって著された。つまり、序文でも示されているように、著者の王恩榮は燕京育ちの旗人ということである。

② すべて「官話」「正音」を用いており、これが学習者の基準となる。

③ 音については「正聲」に対して「變聲」というものがあり、例えば、“你的”、“我的”の“的”は“達”と読まれ、声調も上平（第1声）となる。“怎麼著”“好著的哪”の“著”は“之”と読まれる。“估摸”の“估”は“廣”と音が変わり、声調も下平（第2声）になり、“摸”は“媽”に読まれる。他に、“這麼”も“正媽”と読まれるとするが、この“的”を“達”と読むというのは、『北京土語辞典』（徐世榮、北京出版社、1990）でも「“我的”的 da、“好的”的 da」、“著”も同じように「“深着哪、難看着”变 zhi」とあり、これも北京語（北京土語）の特徴となる。

④ 本書の多くは問答の形を取っており、教師と学生の一問一答の形式は、かつてのイエズス会士による賓主問答のようで学習者にとっては極めて有益である。また、それぞれの会話において、誰と誰との会話であるかが明記されており、例えば、中国人と外国人の会話の場合は文の上に「中」「外」と記し、中国人同士の場合は「甲乙」

の類を、中国人と外国人でも人数が多い場合にはやはり「甲乙・・」と記す。

例えば、以下のように誰と誰との会話かがはっきりと分かるようになっている。

（中国人と外国人の会話）
中：您貴姓？
外：賤姓川島。
中：您貴國？
外：敝國日本。（第４課）

（男性と女性の会話）
婦：三叔、您吃了飯了？
男：吃了。二奶奶吃了広？
婦：偏您了。您沒上鋪子克広？
男：待会兒克、您阿媽上衙門克了広？ （第２課）

（女性同士の会話）
婦：姑娘吃了飯了？
女：吃了。二大大吃了広？
婦：偏過了。
女：我大姐姐作活呢広？ （第３課）

（中国人同士の会話）
甲：二姐、您喝了茶了 ？
乙：喝了。大妹妹喝了？
甲：喝了。二大爺進裡頭兒克了広？
乙：進裡頭克了。（第１課）

（人数が多い場合）

甲：王爺好哇？

乙：好哇。您好哇？

甲：好哇。

丙：王爺好哇？

乙：好哇。太太好哇？

丙：好哇。

甲：王爺請啊。

乙：大人請、太太請啊。

丙：您請罷。

甲：王爺請坐。

乙：您請坐。

丁：某公爺來了。

甲：啊、公爺好哇？

戊：好哇。大人好哇？（第 11 課第 1 節）

このように非常によく練られたテキストとなっていることが分かる。

## 3　成田芳子

翻訳者の一人である成田芳子についてはこれまで以下のようなことが判明している。

成田（木村）芳子（1874-1910）は鹿児島県の士族、島津公爵家家扶財務部長であった木村時習の娘であり、最初、下田歌子の実践女学校で清国留学生部の教師兼舎監として留学生の指導にあたっていたが、北京の肅親王家[2)]に「和育女學堂」（1905.6）が開設されるにあたり、粛親王と親しい川島浪速が下田に教師派遣を依頼し、それを受けて下田の推薦で北京に渡ったものである。このことについては、次のような下田の記述が残されている。

> 清朝末期の北京に於いて、支那の識者と謂はるるほどの人々が、事苟も女子の教育に関する限り、常に、口唇に上せてその助力と指示を仰がうと計ったのが、我が下田先生であつたのである。その生きた証左に、當時かういふ事実があつた。すなはち、宮廷に於ける随一の世襲親王家の出たる肅親王の許にあつて、何かと大いに活躍してゐた例の川島浪速氏から、明治37年冬のこと、やうやく時機も熟して、親王家の邸内に「和育女学校」を新設するにつき、是非とも誰か適当な教師を派遣して欲しいとの依頼状が、下田先生の手許に届いたのである。
>
> 先生としては、学園には今や十数名の清國留学生があり、僅か二名とはいへ、その年の7月、心をこめて最初の卒業生を送り、晴れて帰国せしめたばかりであったし、殊に、支那語を解する有能な教師に去られることは、その場合ひとしほの痛手ではあつたけれど、隣邦の処女地の開拓といふ、重くして且つ大なる使命のことを思へば、断じて遅疑すべき場合にあらずとなし、学校の教職員中にあって、最も信念に厚い、しかもとりわけ健康にも恵まれていた木村芳子女史を選んで、特に北京よりの希望者の要求を容れることとされた。
>
> 木村女史は赴任満五年、果して先生の炯眼に狂ひはなく、業績はなはだ見るべきものあり、折柄たまたま彼國の教育視察に出張され

---

2）第10代肅親王善耆。彼の第14王女が愛新覚羅顯玗、すなわち川島芳子である。肅親王家は、元は東城区正義路東側にあったが、義和団事件で1901年に焼失。1902年に北新橋船板胡同の榮禄府内に再建。

た文部省督學官、伊澤修二氏（前記の福島安正将軍、川島浪速氏等と同じく長野の人、後の東京音楽学校、東京高等師範学校校長）なども、肅親王家特設女学堂の良好なる成績を推賞されたほどで、後年、新聞、雑誌を騒がした例の川島芳子嬢なども、木村芳子女史の薫陶を受けて、学業大いに進んだのであつたが、女史は彼の地で良縁を得て、成田氏に嫁ぐと程なく、明治43年、庚戌の歳三月、急性腹膜炎を病んでつひに起たず、空しく異邦の土と化し去った。女史を悼む、下田先生の歌が三首ある。（『下田歌子先生傳』422-423頁）

なお、下田は中国における女子教育の草分け的な人物であるが、成田（木村）を派遣する前に、河原操子を先ず上海へ送り、「務本女學堂」（明治35 = 1902年）の教師に任じている。河原はその後、カラチン（喀喇沁）王妃（肅親王の妹）と共に蒙古に赴き「毓正女學堂」教習になっており、東亜同文会や陸軍大将の福島安正との関わりも深かった。

河原は成田が北京に到着した時の様子を次のように下田に報告している。

一筆聞え上げまゐり候。さて過日は御懇なる御手紙いただきもことにありがたく繰りかへし拝見致し候。早速御礼状申上べき筈に御座候ひしも、出落前にて何かと取りまぎれ居り、心にまかせ申さず。また当地着後も日々学校のこと王、王妃の御仕事の御すけなどにて少しのいとまも御座なく、日々思ひながら今日迠延引致し候。つみ何卒御ゆるしいただき度候。

御手紙により候へば先生には何のおかはりもおはしませず御出で遊はされ候よし、誠に何より御うれしう存上候。木村さまも御着の後、水土の御さはりもなう、至って御元気にて、私も結構とうれしう存上居候。

蕭親王府にても非常の御悦びにて、当王妃もまことに御満悦の御様子に候。才学を兼ね備へられ経験も御充分の御こと故、必ず見事の結果を奏せらるることと存候。
蕭親王と当王妃との御間柄はまことに特別に居らせられ、王妃の御一言は他の十言よりもききめの御座候ほどに候間、過日王妃を経て親王並びに同王妃に「木村さんは確実なる人物故総てについて御安心下さるやう、尚又当人自身の考に及ばざる事は下田先生に御相談致して御助け申上げませうから、何卒何なりと御腹臓なう御申聞け下さるやう」と申上候ひし処、御両方様とも大層御悦び遊ばされ、「木村さんの御立派なり方なることは私共は下田先生の御門弟なる点を以て充分に信じて居ります。なほ、同先生が我國につき一方ならず御心配下され候ほどは実に何とも御礼の申上やうも御座いません。かく種々申上げたらは、さぞああ例の支那人が何をそら世辞を云ふかと思ふて下さいませうが、決して左様な次第にはこれなき故、どうぞ御序の節、下田先生に呉々も御よろしく御礼を申上くれよ」とのことに御座候ひき。[後略]（「河原操子から下田歌子宛書簡」明治38 = 1905年5月22日）

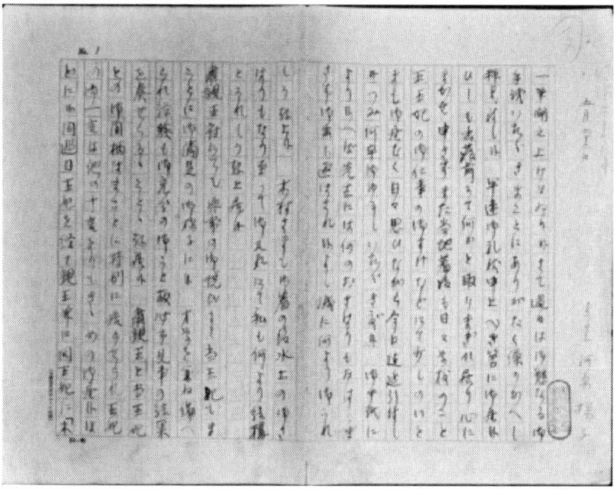

**図3　河原操子から下田歌子宛書簡（実践女子大学香雪記念資料館蔵）**

日本人女性の中国での活躍については国内でも以下のように報じられていた。

清國婦人と日本人の家庭教師

近来東洋の諸国に於て家庭教師として我が婦人を招聘する風漸く多くなりたる由、而して同国の婦人界にては編物、造花、刺繍の手芸に堪能なるが最も歓迎さるる由、

北京に清國皇族粛親王々女の家庭教師を勤めをれる木村某という婦人は大いに重く用ゐられつゝありと。(『婦女新聞』第268號、明治38＝1905年6月26日発行)

成田芳子の北京赴任以降の簡単な履歴は次の通りである。

明治38（1905）年、北京へ、この年には服部宇之吉・繁子の豫教女学堂」も開設

明治39（1906）年1月、成田安輝[3]と結婚

明治42（1909）年、成田との間に一子安清をもうける

明治43（1910）年3月27日、肋膜炎で死去

3）成田安輝（1864-1915）：河口慧海に次いで日本人として二人目にチベットに入った人物。以下のような経歴をもつ。

明治37-38年の日露戦争での特殊任務

明治38年安東県に移る

明治41年鴨緑江上流、吉林省松花江上流で鉱山調査

明治42年1月一子安清誕生

明治43年安東で石油販売代理店、朝鮮平安道で金山採掘（成田芳子の1周忌の寫真は安東県で撮影したもの）

大正三年奉天で病没、53歳

図４は東京赤坂の写真店で撮られた「木村芳子」時代のもの。

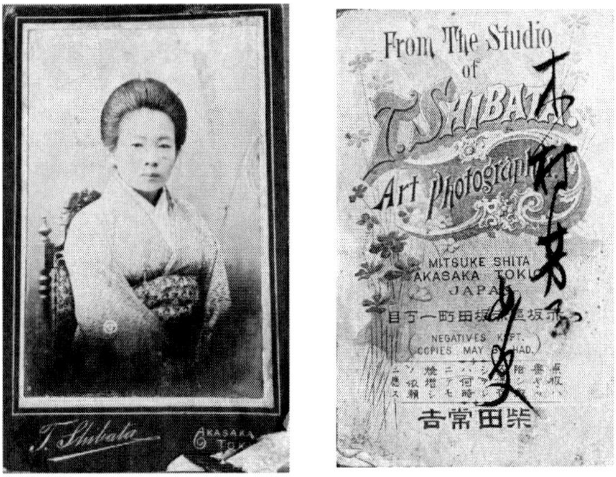


**図４　木村芳子（一茶記念館蔵）**

図５は、「成田芳子」として逝去後、１周忌にあたり、成田安輝から川島浪速・福子夫妻に宛てられた感謝の意を表した葉書と遺影である。それには、

故 東京實践女學堂教師 北京肅親王府和育女學堂教習　成田芳子木村氏長女之照像

着服　満洲婦人夏期正装

謝故人生前之御厚情

爲紀念茲謹奉呈

川島浪速 仝福子様 殿

明治四十四年三月廿七日 宣統三年二月廿六日　一周忌之際　　成田安輝

とある。

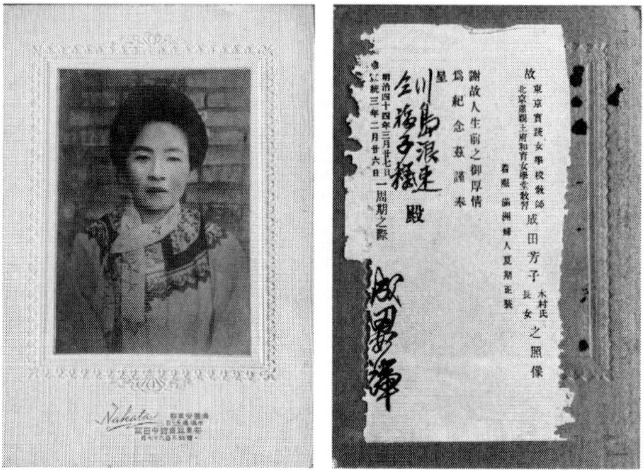


図 5　成田芳子（1 周忌 =1911、一茶記念館蔵）

図 6 はカラチン王妃を囲んで成田芳子、川島福子、河原操子などが収まったもの（明治 39 年春撮影）。

図 6　カラチン王妃(前列左から 4 人目)と成田芳子(後列右から 4 人目)、河原操子(前列右から 4 人目)、川島福子(前列左 1 人目)等。(実践女子大学香雪記念資料館蔵)

この写真の裏側にある説明では成田芳子は右から5人目になっているが恐らく間違いである。

図7は、明治42年に撮られた川島家での当時北京にいた婦人達の集合写真である。

図7　成田芳子（前列右から4人目）・川島福子（前列左から4人目）・川島浪速（後列右）等（北京親友会婦人会員於川島家、1909.4.10、山本讃七郎撮影、一茶記念館蔵）

なお、成田の早すぎる逝去の4か月余り前には、下田歌子から成田の体を気遣い加養を願う次のような書簡も届けられていた。

過日ハ御懇書殊ニ遠方の所祝ひ物等態々御贈り被下却而恐縮然し幾久しく愛たく御受納申上候。蒙古学生達其後いかが存じ候へハ今一奮発相成将来ハ他の手を借らずして三人にて女教開発せられん事をねんじ入候、御子息様にも嘸々御成人御事と存上候、折角御加養祈

り祈り入候　匆々

下田歌子

また、成田が亡くなった時の肅親王福晋の追悼文も以下のように残されている。

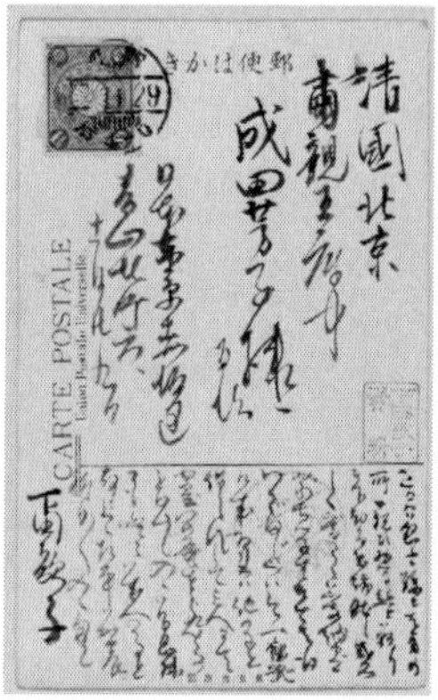


図 8　下田歌子から成田芳子への書簡（明治 42 年 11 月 29 日、実践女子大学香雪記念資料館蔵）

嗚呼、木村先生在我家興辦和育女學堂、轉瞬已五年矣。兩國交情一家教育皆有絕大益處。日前君染小恙、咸謂不藥可痊、孰意溘然長逝矣。嗚呼、痛哉。

宣統二年二月十九日　肅親王福晉拜輓

ところで、『燕京婦語』第 4 課には以下のような会話が登場する。

您貴姓。
賤姓川島。
您貴國。
敝國日本。
您府上在那兒啊。
舍下在安定門裡頭分司廳兒胡同。

つまり、当時の川島浪速・福子の住まいは「安定門分司廳兒胡同」にあったということになる。

また、上の成田芳子・川島福子・川島浪速等が収まっている川島家での北京親友会婦人会員の集合写真を撮ったのは山本讃七郎写真館と記されている[4]。恐らくはカラチン王妃などとの写真も同様であろうと推測されるが、この西太后の写真を撮ったことで有名な山本讃七郎写真館は次のように『北京官話全編』にも見えている。「霞公府」の「照像館」がそれである。

七　您説的、准是琉璃廠的照相館罷。

八　琉璃廠**照的**、固然是好。四牌樓隆福寺廟裏廟外、好幾家照相館都不錯、再不然、東交民巷和霞公府、都有東洋人開的照相館、照的極好、比琉璃強多了、並且價值不大。

九　交民巷的照相館我知道、那霞公府的在那兒？我怎麼没瞧見。

十　您是没留神、就在霞公府中間兒、路南的大門裏頭、那門口兒掛着招牌還掛着幾張照相片兒、極容易找。您要是願意照、我同您去、那個東洋人和我相好、我若是同您去、大概比別人還便宜點兒。

卄一　是、可是您才説的、霞公府這個照相館、您這兒有他照的相没有？若是有、您給我看一看。

卄二　有、他給我照的很好、別人看見、都説與我的面貌絲毫不差、這麼着我自己**照鏡子**一看、真是一點兒也不錯、好極了。您稍等一等兒、我拿出來、給您看一看、就信我説的不錯了。

（『北京官話全編』第 39 課）

また、上述のように、『燕京婦語』の著者である王恩榮は北京警務學堂（1901-1906）の中国人教習であったが、この北京警務學堂は、川島浪速の発案により同郷であった福島安正の賛同を得て作られ、北京市北新橋舊神機営兵舎を修繕し創設されたものである。今これらの位置関係を以下に、当時の地図で示しておく。

4）明治 41 年夏に撮られた「肅親王家和育女學堂校長教師校友學生」という写真（実践女子大学図書館蔵）には、肅親王家の福晋や王女、側夫人と共に成田芳子、川島福子が収まっているが、それも撮影者は「山本讃七郎」とある。

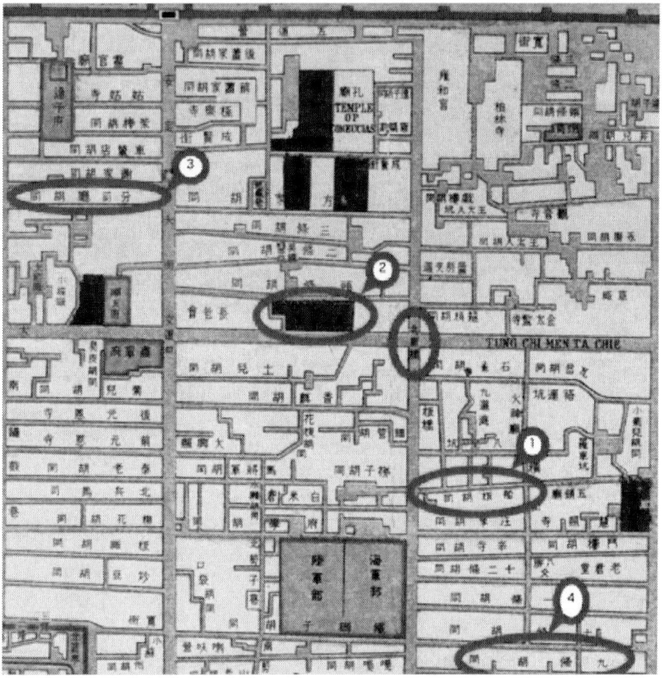


図 9　(1)＝肅王府、(2)＝警務學堂、(3)＝川島家（『燕京婦語』第四課)、
(4)＝川島芳子住居

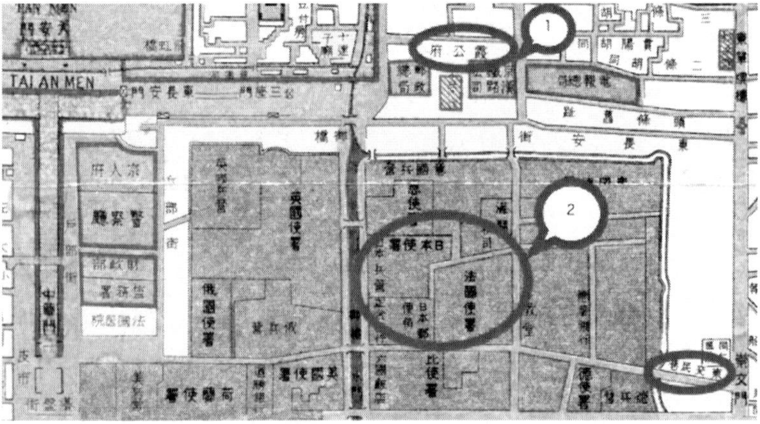


図 10　(1)＝山本讃七郎写真館のあった場所、(2)＝旧肅親王家

なお、警務學堂の提調には一時、二葉亭四迷も当たっていた他、川島の周囲には、下田歌子、西徳蔵（駐清公使）、大隈重信、小村寿太郎、伊澤修二、服部宇之吉など近代史に関わる重要な人物がおり、極めて興味深いものがある。

## 4　新しい写本と鱒澤蔵写本の異同

新しい写本の全体をまだ見ることができないので、今回は参考までに2つの写本間の異同（左が新写本、右が鱒澤蔵写本）について少し挙げておくが、詳しい検討は新しい写本が公開されるのを待ちたい。

【第一課】

爺爺–爺々

妹妹–妹々

學–学

麼–広

會–会……このように鱒澤写本では「おどり」や簡体字が多く使われているのが一つの特徴である。

年輕–年青……どちらも意味は通じる。

姑娘估摸沒起來呢罷–估摸姑娘沒起來呢罷……どちらも意味は通じる。

二姐您可起來的不晚哪–二姐您可起來的不晚啊……どちらも可。

粳米粥–硬米粥……鱒澤写本の“硬”には「第1声」の注記があるが、恐らくは“粳”を書き間違えたものか。

㕣–喳……新写本のこの字については、よく分からないのだが、康熙字典には「you」という音で収められており「小声」という意味だが、北京語の“喳”にも本来「小声」という意味があるという。

【第二課】

著-着……全て

【第三課】

偏您了-偏過了（二太太吃了広-偏過了）

ただ、鱒澤写本でも次のように“偏你了”も使われている。

“二奶奶吃了広-偏您了”（第二課＝スミマシテゴザイマス）

意味は徐世荣 1990 によれば次のようにある。

“骗过了”：客气话。如“见面时问“您吃过饭了？”对方如已吃过、回答“骗过了”、是说自己吃过、偏在自己一方、占了先、因对方可能尚未吃过、表示礼貌。

“偏你了”：同“偏过了”。意思是比您占先吃饭、吃过饭的人、用此语回答别人。如是要去吃饭、向人礼貌地说一声、也用这话。如“我可要偏～。”即去吃饭。（徐世荣 1990、310p）

日本語に訳せば「お先にいただきました」「お先にいただきます」ぐらいの意味。

また、“偏了”だけでも使われるようである。

“偏了”：吃喝于他人之前。客气语。（高艾军等 2013、702p）

“偏了”：先吃完饭的人对没吃完饭的人的客气话。”（陈刚等 2021、355p）によれば“先偏了”とも言う。

つまり、“偏了”が元の形で、それに“～過了”“～您了”といったバリエーションが生まれたと思われる。

傅民等 1986 には以下のような例文が挙げられている。

①宝玉道：“我们偏了。”凤姐到：“在这边外头吃的、还是那边吃的？”（红楼梦 142）

②见了张太太、站起来道：“偏了我们了？”（儿女英雄传 563）

③他冲这位素不相识的车把式深深打了一千说：“偏了您哪！”（烟壶

18）

④“哟、大姐、您吃过饭啦？”“偏过您啦。”（刘宝瑞表演单口相声选 432）

⑤恒爷说：“大奶奶偏您饭啦。”少奶奶说：“您用的当啦。”（小额 281）

您阿麻回來了麼。-您啊媽回來了広。御父様ハ御回リナサイマシタカ

“阿媽”は太田辰夫氏によって夙に説明がなされているように、「父親」という意味の北京語（厳密に言えば満洲語）である。ただし、“阿麻”“啊媽”という表記はどちらもこれまで管見の限り見たことがない。

阿媽 滿 Ama 父。『急就篇』家庭常語 “我阿媽沒在家”。古くは關漢卿『拝月亭』『哭存孝』などにも見える。（太田辰夫 1995、240p）

満文資料関係では次のような例が見える。

“兵部員外郎呼哩阿媽是你什広？”（『清文啓蒙』35a-1）

“比他阿媽脖子上的血還”（『清文指要（續）』上 13b-6）

“生的活像他阿媽一様、實在是他阿媽的種兒。”（『清文指要（續）』下 12a-4）

ちなみに、『清文指要』のこの部分は『語言自邇集』（1867）「談論編」では“老子”となっている。

“比他老子血還親”（第 44 章）

“像他老子一個様”（第 42 章）

なお、“阿媽”は『庸言知旨』では“阿瑪”と書かれる。

“瑚哩阿瑪往這們來了”（28a-7）

“幸而莫爾根阿瑪過了崗兒瞧見了”（28b-5）

北京語関連の辞書にも例えば、以下のようにある。

“阿妈”、满族称父。“妈”必轻声。（徐世荣 1990, 505p）

“阿玛”、满族人称父亲。“阿（ā）”变调。（高艾军等 2013, 1p）

“阿玛”、满人指父亲。（董树人 2011, 1p）

今兒您上衙門有差事、回來的晚點兒。-今兒您上衙們有差使、回來的晚一

点兒。

“差事”“差使”も、ここではどちらも「公務」「仕事」という意味だが、“差使”だと「派遣する」という意味もある。北京語としては“差事”が董樹人 2011 では収録されている。

您這晚兒回來還在家裡吃飯麼。-您這早晚兒回來還在家裡吃飯麼。

鱒澤写本の日本語訳では「コンナニオソクオカヘリニナリアシテモ」となっている。“這晚兒”も“這早晚兒”も、北京語では“這宗晚兒”の意味で、「こんなに遅く（ある場合には、「こんなに早く」)、今どき」と言う意味となる。

“这晚儿”：义同“这早晚儿”。（高艾军等 2013, 1068p）

“这早晚儿”：又作“这喒晚儿”。这会儿、现在、强调时间过早或过晚儿。（高艾军等 2013, 1068p）

“这晚儿”：这时候儿（指时间已晚）：“天都～、早下班儿了”（董树人 2011, 566p）

“这咱晚儿：①这个时候儿。②指时间已晚：“都～、怎么还没收工？”（董树人 2011, 566p）

“这晚儿”：指现时、现代。（徐世荣 1990, 482p）

【第五課】

您阿麻和您奶奶都好哇。-您阿媽和您奶奶都好哇。御父様モ御母様モ御達デゴザイマスカ

ここの“奶奶”は満洲語では「母親」の意味である。

【第十二課】

幹麼年年兒叫您費心、-幹甚麼年年兒叫您費心、……意味は変わらず。

啊、姑奶奶這兒坐著。-啊、奶奶這兒坐着。ア貴女此方へ御掛ナサイ

ここは、少し前には“姑奶奶好哇”とあり、それを受けて更に同じ人

に呼びかけているので、やはり“姑奶奶”の意味である。“姑”を書き忘れたとみるべきかと思われる。

【第十四課】
二格、你和張媽好好兒看著家。–二格、你和張媽好好兒的看着家。
【第十五課】
二姐吃了飯了。–二姐姐吃了飯了。
姑娘喝呀。–姑娘喝罷。
　これらは意味の違いはない。

【第十七課】
你要瞧見院子裡有狗屎、–你若瞧見院子裡有狗屎、
　“要”と“若”だが、意味は同じ。“若”が古い言い方ではあるが、“若”は「yào」と読まれていた可能性もある[5)]。

這一個打掃茅廁的可惡著的哪。–這個打掃茅廁的可悪着的哪。……意味の差はなし。

【第二十二課】
這個街坊實在的不講理、–這個街坊寔在是不講理
您現在還住著是八間哪。–您現在還住着是八間房。
那兒要有合式的租好了、我們洒搬。–那兒若有合式的租好了、我們洒搬。
那麼房錢、我就給您五兩。–那麼房錢我給五兩。
拾掇完了裡頭院兒、再拾掇外頭院兒。–拾掇完了裡院兒、再拾掇外頭院兒。
　阿麻–阿媽……鱒澤写本では“啊媽”“阿媽”どちらも使われる。

5）王照の『官話字母讀物（八種）』に収められた「對兵説話」（光緒 30 = 1904 年）では“若”を「yào」と読ませている。→図 11 参照

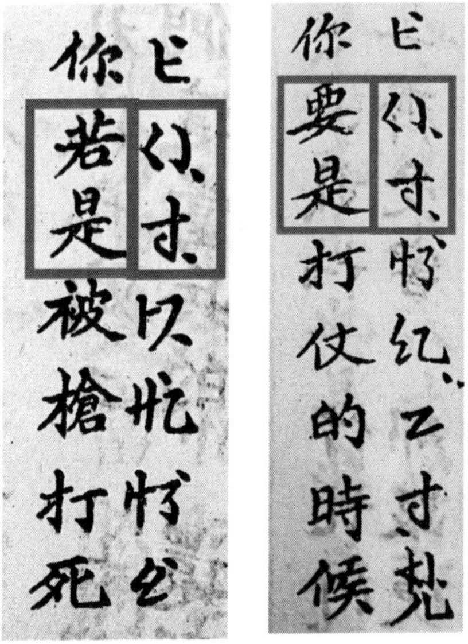

図 11　王照『官話字母讀物』

## 5　小結

今回の写本の発見は、これまで推測でしかなかった川島浪速とその周囲の人物と著者、訳者までも特定できたということで大きな意義がある。近く、所有者によって全貌が明らかにされるはずであるが、これまで見てきた断片的な情報からも幾つかの可能性は指摘できる。

まず、新しく発見された版本の成立は、その版心に記された紙屋の創業から考えて1908年以降に上海で作られたということになる[6)]。そして、この写本の大きな特徴は序文、凡例、著者名が記されているが、序文と凡例で示された「日本語訳」が付されていないことである。

6）ただし、これについては新しい写本の所有者の推測であり、「源昌號」についての更なる考察が必要となる。

一方、鱒澤蔵写本は鱒澤氏の考察では表紙に書かれた「丙午歳在青原山」から1906年夏に成立したと推測しているが、この写本には日本語訳はあるが、序文、凡例、著者名などが抜け落ちているということである。

となると、2本とも実は不完全であり、本来は全てが揃った正本とも言うべきものが存在したはずである。

では、正本の成立はいつかであるが、先ず、翻訳者に成田芳子の名前があることから、木村芳子から成田芳子に名前を変えた時期以降でなくてはならない。成田芳子としてこの世に生きたのは、1906年1月から1909年11月までである。ただし、木村芳子としては1905年6月に北京に到着して粛親王家の教習となっているから、序文の書かれた1905年9月には翻訳を完成させていた可能性もなくはない。しかし、その時はまだ「成田」姓にはなっていない。してみると、正本の中国語の部分は1905年9月には完成していたが、日本語訳はその後、1906年1月以降の早い段階、遅くとも鱒澤蔵写本の成立した1906年夏以前であったと見る方が自然である。

このように考えると、王恩榮の中国語及び序文と凡例は1905年の9月に、全訳は1906年の夏頃までに完成しており、正本として出す前の稿本或いは川島浪速自身が書き写したものが鱒澤蔵写本ではないかという推測も成り立ちそうである。

また、上海には1902年に河原操子が下田歌子の命によって派遣された「務本女學堂」という女學堂があるが、上海で書写されたと考えられる新しく発見された写本はこうした場所で女子教育の一環としてのテキストとして使われた可能性もあるかも知れない。

以上のことから、鱒澤蔵写本（川島浪速の手になる？）―正本（未発見）―新写本という時間的な流れが妥当なところのように思われるが、いずれにせよ、将来、その「正本」が北京の古本屋あたりから出て来ることを期待せずにはおれない。

[付記]

今回の成田芳子、川島浪速、下田歌子関連の資料調査に関しては、長野県の一茶記念館学芸員の渡辺洋氏、早稲田大学の石濱裕美子先生、実践女子大学下田歌子記念女性総合研究所の久保貴子先生に大変お世話になった。また、満文資料に関しては、李云博士にご教示をいただいた。ここに記して感謝の意を表する次第です。また、掲載に関しても快く許可をいただいた一茶記念館、実践女子大学図書館に感謝を申し上げたい。

[付記 2]

本稿の校了後、新たな事実が判明した。平田昌司先生のご指教によるものだが、本文の前に掲げられている「仝 成田芳子 譯言」の「成田」は「木村」とあったものを紙を貼って「成田」に修正したもの。確かに、よく見るとそう見えるし、現所有者にも確認したところ確かにそうであるとのこと。ただし、序文の部分の「成田芳子」には修正の跡は見られないという。

となると、上述の私の結論、つまり「正本の成立はいつかであるが、先ず、翻訳者に成田芳子の名前があることから、木村芳子から成田芳子に名前を変えた時期以降でなくてはならない。成田芳子としてこの世に生きたのは、1906 年 1 月から 1909 年 11 月までである。ただし、木村芳子としては 1905 年 6 月に北京に到着して粛親王家の教習となっているから、序文の書かれた 1905 年 9 月には翻訳を完成させていた可能性もなくはない。しかし、その時はまだ「成田」姓にはなっていない。してみると、正本の中国語の部分は 1905 年 9 月には完成していたが、日本語訳はその後、1906 年 1 月以降の早い段階、遅くとも鱒澤蔵写本の成立した 1906 年夏以前であったと見る方が自然である。」には修正が必要となるかも知れない。

すなわち、木村姓で北京に渡った時（1905 年 6 月）から成田姓に変わる 1906 年 1 月までの間に中国語も日本語訳も完成していたと考えるべきで、そうなれば、序文の時期（1905 年 9 月）と全く齟齬がなくなるのである。ただ、そうなると、これが書かれた紙の問題が浮上する。現所有者は「源昌號」は 1908 年に上海で開業された紙屋だと推測されているが、それは当たらなくなる。やはり、これは北京の紙屋だと考えざるを得ないが、これについては今後の調査を待ちたい。

また、序文の「而川島公之夫人、及夫人之友、成田夫人、皆重言語之學、於是二夫人將是編譯成日語、成為日清合璧之談」における「成田夫人」修正が施されていないから、この序文は 1906 年 1 月以降となるはずであるが、それだと序文の日付と合わなくなる。この辺りの問題は今後の課題としておきたい。

いずれにせよ、ご指摘いただいた平田先生の眼力に感服すると同時に、心からの感謝を申し上げる。

**参考文献**

故下田校長先生伝記編纂所『下田歌子先生傳』実践女子大学、1943
阿部洋『中国の近代教育と明治日本』福村出版、1990
太田辰夫『中国語文論集』汲古書院、1995
合田勉『川島浪速翁』大空社、1997
中見立夫「川島浪速と北京警務学堂・高等巡警学堂」『近きに在りて』第39号、2001
阿部由美子「長野県にある近代中国史関係資料と史跡について—川島浪速、川島芳子、粛親王善耆、河原操子、福島安正—」「近現代東北アジア地域史研究会」News letter 2011
加藤恭子「20世紀初頭における、中国への日本の女子教員派遣と「東洋婦人会」—中国の女子学校教育の実施にむけた協力活動について」『お茶の水史学』57号、2014
日向康三郎『北京・山本照像館　西太后写真と日本人写真師』雄山閣、2015
加藤恭子「20世紀初頭における日本人女子教員の中国派遣」『ジェンダー研究』第18号、2015
石濱裕美子・和田大知『図録；大隈重信とチベット・モンゴル』早稲田大学中央ユーラシア歴史・文化研究所、2020
石濱裕美子「明治期チベット・モンゴル出身「留学生」の特異性について」『東洋史論集』49、2022

**[中国語資料]**

王照『拼音文字史料叢書 官話字母讀物（八種）』文字改革出版社、1957
傅民、高艾军编『北京话词语』北京大学出版社、1986
徐世荣『北京土语辞典』北京出版社、1990
陈刚、宋孝才、张秀珍编『现代北京口语词典』语文出版社、1998
董树人『新编北京方言词典』商务印书馆、2011
高艾军、傅民编『北京话词典』中華書局、2013

# 言文一致に見られる現代中国語のモダニティー
## ――その語彙的基盤について

沈　　国威

## 1　はじめに

議論を始める前に、「近世、近代、現代」というタームの意味を整理しておく必要がある。これらの歴史学で用いられる時代区分の用語は、元を辿れば日本の翻訳者が英語のmodernを翻訳したものである[1)]。英語では区別しない概念を細分化し、近世（the early modern period; later middle ages)、近代（the modern era; recent times)、現代（the present age［day］）と表現するものである。Modernという概念は異なる地域、文化において往々にして特定の時期を指し、それぞれの歴史的、文化的意義のある事件を起点とする。ヨーロッパでは、ルネサンスがmodernへの転換点で、理性、人文主義、科学主義等に特徴付けられ、中世と区別される。対して日本ではmodernに「近世」「近代」「現代」が宛てがわれ、それぞれ江戸時代（1600～1867)、明治維新から第二次世界大戦終結（1868～1945)、そして戦後の3つの時期を指しているが、その根底に西洋文明の衝撃という要素が存在し、いわゆる近代性（modernity）の獲得という問題がある。日本では「現代」が「近代」の延長線上にあり、両者には本質的な違いはない、或いはその違いは「近世」と「近代」、

1）沈国威「近代関鍵詞考源：伝統、近代、現代」、『東亜観念史集刊』第4期2013年、第417-437頁。

即ち前近代と近代より遙かに小さいと考えられている。よって「現代」の使用頻度も「近代」より遙かに少ない。

一方、中国では現在、「近世」という語はほとんど使われていないが、歴史学では「近代」の起点は中英間のアヘン戦争（1840年）であり、1919年の五四新文化運動が「現代」の始まりとされている。日本語と同じ語形ではあるが、「近代」「現代」がそれぞれ指す時期が日本のそれと異なる。

「近代」「現代」は歴史の時期区分のタームだが、言語研究にも応用された。日本でいう近代語研究は明治維新から第二次世界大戦終結までの語彙に関する通時的な研究であり、明治期（1868-1911）は最も重要な時期であった。日本の近代学術用語は明治20年代に入ってから徐々に完成を見たが、その先にさらに「言文一致」の問題が待ち構えている。言文一致の実現なしには現代日本語云々は語れないであろう。19世紀末20世紀初頭、日本語は漢字文化圏に新語を輸出する段階に入り、中国語の近代化に影響を及ぼした。中国語にも「近代中国語」と「現代中国語」という別があり、その境界線は1919年の五四新文化運動に引かれている。それ以前は長く変化の遅い「近代」であったが、それ以降は一夜にして現代に突入したはずがないであろう。このように、中国語の近代、或いは現代とは何か、その本質的な違いは何か、近代から現代への転換期に何があったのか。これらが本稿の問題意識であった。

## 2　中国語の近代と現代

中国語史の研究では、その時代区分は、まだ諸説紛々の未解決問題のようである。呂叔湘（1904-1998）は、

近代中国語はいつから始まり、いつまでなのか。言い換えれば、

中国語の古代と近代、近代と現代の境界線はどこにあるのか？これはまだ真剣に議論されていない問題だ[2)]。

と指摘している。

実は王力（1900-1986）はその著『漢語史稿』においてすでに中国語の歴史区分について詳細に論じていた。但し政治的な原因によって、学界ではそれ以上の議論に至らなかったのである。王力は、次のように指摘している。

（私は）中国語の歴史、とりわけ文法史についてはまだ十分に研究していないので、大まかな区分しか提示できないが、それは、次のようなものである。

一、紀元3世紀以前（五胡乱華以前）を上古期とする。（3、4世紀は過渡期である。）

二、紀元4世紀から12世紀（南宋前半）までを中古期とする。（12、13世紀は過渡期である。）

三、紀元13世紀から19世紀まで（アヘン戦争）を近代とする。（1840年のアヘン戦争から1919年の五四新文化運動［以下“五四運動”と略す］までが過渡期である。）

四、20世紀（五四運動以後）を現代とする[3)]。

一方、呂叔湘は漢語史の時期区分について、王力と異なる見解を示した。

中国歴史の時期区分に倣い、近代中国語の時期を中国近代史と同じよ

2）劉堅編著『近代漢語読本』（上海教育出版社 1985年）の呂叔湘による「序」。筆者訳、以下同。

3）王力『漢語史稿』1956-1958、修訂本、北京：中華書局 1980年新版、第35頁。

うに、つまり1840-1919年の間に設定できるか。もちろんできない。というのはこの2つの年は中国語の発展史上において全く意味がないわけではないが、重要な意義はないからだ[4)]。

呂叔湘は、晩唐五代、即ち9世紀を近代漢語の起点とし、五四運動以降を近代中国語の終焉と現代中国語の始まりとすることを提案した。かくして呂叔湘の言う「近代中国語」は千年以上続いたことになる。この主張は氏が1944年に執筆した論文「文言和白話」を発展させたものである[5)]。

以上のことから、王力、呂叔湘両氏は近代中国語の起点に関しては主張を異にしているが、その終焉と現代中国語の始まりについての見解は一致していることがわかる。では、両氏にとって中国語の近代と現代を区別する基準は何なのか。王力は、言語が依存する人間社会の要素について、それほど考慮に入れる必要はないとし、次のように指摘している。

> 人民の歴史は言語の歴史の時期区分に関係がないわけではない。国家の統一と崩壊、部族の融合、人民の移動は、中国語の変化に大きな影響を与えた。しかし、1つ注意すべきは、これらの大きな出来事は言語に影響を与えたが、私たちは言語の質的な変化に基づいて歴史的区分を行う立場であって、これらの大事件が言語の歴史的区分に及ぼした影響は間接的なものであり、区分の基準にはなりえないということである[6)]。

この点は、歴史研究の時代区分が言語研究の時代区分と完全に等しいわけではないという呂叔湘の主張と同じである。王力は中国語史の時期

4）劉堅編著『近代漢語読本』の呂叔湘の「序」。
5）呂叔湘「文言和白話」、『呂叔湘文集』第4巻、商務印書館、1992年、第66-85頁。
6）王力『漢語史稿』、第34-35頁。

区分の基準を音声、文法、語彙の３つの方面に置くべきだとし、次のように指摘している。

> 言語の歴史的区分について、人々は往々にして文体の変化を基準にしがちである。例えば、口語文の始まりを現代中国語の始まりと主張するであろう。私たちはそうすることに同意しない。（中略）私たちはこの原則が間違っていると考えている。文体の転換は、全国民の言語の転換とイコールではない[7)]。この転換は言語の旧質から新質への移行を反映するものではない。（中略）私たちが五四運動時代が中国語発展の要であると考えているのは、この時期から中国語の文法と語彙に大きな変化が起きたからにすぎず、文体が変わったからではないことを指摘しなければならない。
>
> 音声、文法、語彙の３つの方面から見て、言語発展の鍵となり得るのは、どの方面の大転換なのだろうか。私たちは文法を主な根拠にすべきだと考える。文法構造と基本語彙は言語の基礎であり、言語の特徴の本質である。文法システムの変化は基本語彙の変化よりも時間がかかる。文法システムに著しい変化が起きれば、言語に質的な変化が起きたと立証できる。音声は文法と密接な関係があり（西洋の伝統的な文法では、音声が文法に含まれる）、音声の変化も歴史区分の基準とすることができる。
>
> 一般語彙の発達は、時期区分の基準とすることもできるが、但しそれは主要な基準にはなり得ない。例えば五四運動以後、中国語は大量に外国の語彙を取り入れ、中国語を豊かにし、その表現力を高めた。この重大な出来事は中国語に質的な影響を与えないとは言えない。しかし、これを主要な基準としないのは、基本語彙に変化が

7）王力は、文体は書記言語のことであって、限られた一部の書き手の問題にすぎないと考えていたようである。しかし言語の近代化において最も重要な変化の１つはすべての国民が書き手になったことであると筆者は考えている。後述。

なく、一般語彙の変化にすぎないからである。

王力は、文体は時期区分の基準にはならず、また、音声や語彙に比べて「文法を主な根拠にすべきだ」と主張している。さらに王力は「現代中国語の特徴は、(1) 西洋文法を適宜取り入れ、(2) 二字語をふんだんに増やす、ということである」と指摘した[8]。新語の増加について、王力は次のように述べている。

> アヘン戦争以後、中国社会に急激な変化が起こった。資本主義の芽生えとともに、言語社会は、必要とする新しい言葉や新しい表現で、その語彙体系を充実させることを求めている。特に1898年（戊戌）のブルジョア改良主義運動の前後には、「変法」の中心人物と一部の開明的な人々が西洋の民主主義の理論と一般的な西洋文化を取り入れようとしたため、中国語の語彙に哲学、政治、経済、科学、文学などの術語を増やす必要があった[9]。
>
> 現代中国語の新語は、過去のどの時代よりも遙かに多い。仏教語彙の中国への伝来は歴史的に一大事件であったが、しかし、西洋語彙の受容に比べれば、その百倍も千倍も劣っている。(中略)
>
> 現在、政治的な文章では、新語はしばしば70%以上にも達している。語彙の角度から見ると、最近五十年来の中国語の発展速度はそれ以前の数千年を上回っている[10]。

王力は、現代中国語（五四運動以後の中国語）の特徴の一つとして、二字語を含む新語が大量に増えていることを挙げているが、新語が文体に与えうる決定的な影響について論じていないし、いわゆる基本語彙が

8) 王力『漢語史稿』、第33-34頁。
9) 王力『漢語史稿』、第35頁。
10) 王力『漢語史稿』、第516頁。原注を省略。

時代とともに進化しなければならぬことについても触れていない。ここで注目すべきは、アヘン戦争から五四運動までの時期を近代語から現代語への発展の「過渡期」とした王力の意見である。但し、過渡期の起点をアヘン戦争に置いたのは、近代史研究の分期に妥協しすぎたのではないか。語彙だけに限って言えば、宣教師らの新語訳語の創出は、モリソン（Robert Morrison, 1782-1834、中国名：馬礼遜）が中国に来た1807年から始まっていた。アヘン戦争が勃発するまでの間、モリソン、メドハースト（Walter Henry Medhurst, 1796-1857、中国名：麦都思）、ウィリアムス（Samuel Wells Williams, 1812-1884、中国名：衛三畏）らによる数種類の英華・華英字典の出版、ミレン（William Milne, 1785-1822、中国名：米怜）、ギュツラフ（Karl Friedrich August Gützlaff, 1803-1851、中国名：郭実猟）らによる中国語定期刊行物、及び大量の布教冊子と世俗的な読み物の刊行があった。過渡期を設けるのであれば、その期間は1807年から1919年までの100年余りの間にすべきであった。この時期に出現した夥しい数の新語訳語は、中国語が近代から現代へ移行していくために必要な準備をしたのである。

文体を時代区分の基準にすべきではないという王力の主張と異なり、呂叔湘は、文献資料から見れば、晩唐五代以降、口語と文語は次第に別れていったが、五四運動以降、両者は再び統一された。この言（口語）と文（文語）の分離と統合、つまり言文一致の実現こそ中国語の近代と現代を分ける基準にしなければならないと主張した。文体の変化を考慮に入れなければ、中国語の歴史を古代、近代、現代に分けること自体も必ずしも正当性がない。なぜなら、現代中国語は近代中国語の一段階にすぎず、その文法は近代中国語の文法であり、その常用語彙は近代中国語の常用語彙であり、その基礎の上でさらに発展しただけだからであるとまで言い切っている[11]。

---

11）劉堅編著『近代漢語読本』の呂叔湘の「序」。

二人の先学は文体、ないし文法の重要性に関しては主張を異にするところがあるが、語彙が、中国語の近現代を分ける基準になり得ないという点では意見が一致している。語彙体系において、基本的な部分に質的な変化が生じていないからだというのがその根拠である。日常生活に密着した基本語彙について言えば、彼らの主張に肯ける部分もある。基本語彙は語彙体系のコアの部分をなしており、非常に安定しているものとされる。しかし、抽象語彙や学術用語を主体とした近代以降の新語に目を向ければ、王力がいうような「それ以前の数千年を超える」激変ぶりが見えてくる。王力、呂叔湘両氏は、新語が「基本語彙の変化ではなく、一般語彙の変化にすぎず」(王力)、現代中国語の「常用語彙は近代中国語の常用語彙であり、それを基礎にさらに発展させたにすぎない」(呂叔湘) と考えているが、しかし、新語が現代口語文の語彙的基礎を担っている時、その研究史における地位も無視できないであろう[12)]。

これまでの研究で言及されてきた音声、文法、語彙の変化はしばしばある閉ざされた体系（例えば、ある方言）内の変化を指しており、体系の間（つまり外国語）の相互干渉が問題になっていなかった。しかしこの異言語間の干渉こそ、19世紀以降、中国語に大きな変化を及ぼした要因である。私たちが19世紀に注目しているのは、この百年の間に中国語では、北京官話が南京官話に取って代わったこと、言文一致の兆しが現れたこと、近代西洋の知識体系を表現する用語の獲得に努力し始めたことなど、一連の出来事が発生したからである。特に近代国家が避けて通れない「国語」(national language) の問題が持ち上がった[13)]。その過程

12) 現代社会の現実として、教育を受けなければ今の社会に身を置くことはできない。いわゆる義務教育の主たる目的の一つは、語学力の違いによる社会階層の固定化を解消することであると筆者は考えている。

13) この変化は「進化」とも呼ばれているが、マシーニの研究を参照されたい。*The Formation of Modern Chinese Lexicon and its Evolution toward a National Language: The period from 1840 to 1898*, by F. Masini, 1993. Journal of Chinese Linguistics。中国語訳『现代漢語詞彙的形成——十九世紀漢語外来詞研究』、黄河清訳、漢語大辞典出版社 1997 年。

で、音声、文法、語彙はすべて非自律的な変化が起こった。19世紀の中国語は、古代中国語、近代中国語と大いに異なっており、その研究も言語変化と社会発展との関連性を新しい切り口にすべきである。もちろん、明末清初のイエズス会士らによる新語訳語の創出にも目を向ける必要がある。康熙以後、雍正朝の厳しい禁教政策によって、西学の導入とそれに伴う造語活動が中断させられ、100年近い空白があったが、しかし、「中国語非母語話者による造語」ということは、イエズス会士と19世紀以降のプロテスタント宣教師の共通点であり、翻訳活動における両者の伝承関係が無視することができない。

1919年の五四運動は近代と現代の境目であり、その前後十数年は当時「過渡時代」と呼ばれていた[14)]。社会の時代的転換が言語の激変を引き起こしたが、その因果関係の詳細はどのようなものか、変化はどういうところに現れているのか、中国語の近代と現代を分ける最も特徴的なものは何なのか。これらの問題は、言語そのものと言語社会の2つの角度から見ることができ、それぞれ以下のような現実が含まれているであろう。

1、音声の面では、北京音が南京音の地位に取って代わったのが最も顕著な変化である。音声は常に、そして気づかれないうちに変化している。これは長きにわたるプロセスである。しかし五四運動前後に、政治的要因がこの自然な変化過程に強く介入した。方言の発音を統一することは、国語統一会のこの時期の主な目標であり、その取り組みも今日の言文一致に関する研究の主な内容である。

2、文法的には、日本語の文語と俗語の違いは、用言の語尾活用、即ち屈折形式によって顕著に現れている。中国語は形態の変化がない言語で、その文法の変化は具体的に何を指すだろうか？それは「之乎者也」等の文語助辞類の消長だろうか？王力は『漢語史稿』の中で中国語の文法変化について、西洋言語の影響、いわゆる欧化文法として、次のようなも

14）これは日本語の「過渡期」を訳した表現であるが、現在は「轉型時代」が多く使われている。

のを取り上げている。（462頁）

（1）語順の調整（倒置）
（2）新式の使役表現
（3）新式の受動表現
（4）「不定冠詞」の発生とその限定用法
（5）新式の接続法
（6）新式の並列法：共同の動詞と目的語
（7）新式の挿話法

しかし、この7項目は、綜合的に見ればやはり語彙的、修辞的なもので、文法レベルの変化とは言えないであろう。筆者は20世紀に入ってから中国語の実質的な変化は2つあると思っている。1つは連体修飾成分が長大化、或いは複雑化ということで、いま1つは、体言と用言の間の品詞変換が可能となったことである。この2つの変化は二字前置詞（対於、基於、関於など）と二字形式動詞（進行、加以など）を誘発した。近年、欧化文法に関する研究は長足の進歩があったが、さらに強化しなければならない。

3、語彙の面では、20世紀に入ってから新語の急増は当時の人々に大きなインパクトを与えた現象であり、新聞雑誌は新語への非難に満ち溢れていた[15)]。日本の中国語教育者、何盛三（1884-1948）はかつて王力よりも早く「欧化文法＋二字語」は中国語の近代と現代を区別する基本的な特徴であると指摘していた[16)]。これまでの中国語史の研究では、近代中国語の語彙が現代中国語の語彙へ発展したことより、古代中国語の語彙が近代中国語の語彙へ発展した歴史により多くの関心が払われていた。

15）沈国威『新語往還——中日近代語言交渉史』、社会科学文献出版社、2020年、第288-334頁。
16）何盛三『北京官話文法（詞編）』、東京：文求堂、1919年、第334頁。

言語社会の側面には、次のものが含まれている。

4、使用者の変化。中国語書面語の使用者（読み手だけではなく書き手も）は少数者から急速に国民全体に拡大した。これは、科挙制度（1905）が廃止され、新学制（義務教育）が導入された結果である[17)]。

5、表現の内容と形式の変化。言語伝達の内容は次第に古い知識体系の束縛から脱却して、科学の常識が教えられるようになり、言語活動の形式も、講述、聴解が中心へと変わった。四書五経等の古典の丸暗記は二の次に退き、消滅した。

6、言語媒体の変化。従来の書籍に加え、教科書、新聞雑誌、1920年代以降はラジオ、拡声器機の運用による音声メディアの参入などが挙げられる。教室等の学校空間が言語活動の最も重要な場となったことも注目すべき変化である。

以上のような言語そのものと言語社会の変化は、緩やかなものではなく、革命的なパラダイムシフトであった。以下では紙幅の許す範囲で語彙の観点から、中国語のモダニティーについて若干の討論を行う。

## 3　外国人が感じた中国語の近代的変化

一部の来華外国人は、20世紀に入ってからの中国語の変化にいち早く気づいた[18)]。過渡期の中国語について、彼らはどのように感じ、観察し、記録したのか？筆者は、かつて文愛徳（A. H. Mateer）の *New Terms*

17）呂叔湘は書面語使用者の問題を意識していた。氏は「書面語と口語の使用範囲は広狭の別がある。口語は言語社会において人々が毎日使用しているツールであって、書面語はそのうちの一部の人が時に使うものである。教育を普及させ、誰もが識字するのは欧米では19世紀のことで、中国はまだ努力中で、未だに成功していないことである」と指摘している。「文言和白話」、第75頁。

18）宣教師が中国語の変化に敏感であるのは、傍観者の立場と言語学の面で受けた良好な教育のおかげである。また、彼らの母国語が、過去数世紀の間に、言文一致を特徴とする民族言語構築の過程を経験し、完成してきたことも見逃せない理由である。

*for New Ideas, A Study of the Chinese Newspaper,* 1913[19]と 莫安仁（Evan Morgan）の*Chinese New Terms and Expressions with English Translation, Introduction and Notes,* 1913[20]について初歩的な考察をしている[21]。文愛徳の著書はそのタイトルからも分かるように彼女の関心が新語に集中していた。より正確に言えば文愛徳の本は新語を大量に使用した中国語の教科書であった。本書は44課に分けられ、本文は中国各地で出版された新聞から取っている。本文の前に、そのトピックと関連する新語のリストがあり、リストにある新語はまた巻末の索引に付録されており、約3000語であった。

文愛徳は序文の中で、中国語という地球上最古の言語は新しい思想を表現するために新しい言葉を必要としており、これらの新しい思想は古い枠を突き破り、日常の言葉のあらゆる面に突然現れてきたと指摘した。あらゆる変化に適応する中国人の惊異的能力を言語ほど顕著に示すものはない。新しい言語表現が忽ち随所に見られるようになった。新語の大量増加を論じる一方で、文愛徳は新語の増加によって引き起こされた書き言葉の形式、即ち文体の変化にも注目している。彼女は巻頭にIntro-

---

19）編者文愛徳（A. H. Mateer, 1850–1936）は、著名な宣教師狄考文（C. W. Mateer, 1836–1908）の二人目の妻である。狄考文の伝記によれば、「1900年9月25日，狄考文博士和文愛徳小姐結婚了。文愛徳小姐作為美国公理会的一名伝教士，已経在北京工作很多年了，同時也被公認為是十分有成就的漢学家和貝満女校優秀的、受人尊敬的教員。」（『狄考文伝：一位在中国山东生活了四十五年的伝教士』、広西師範大学出版社、2009年、第192頁）文愛徳のこの教科書は1915、1917、1922、1924、1933などの版がある（1933年版はKwang Hsueh Pub Houseより出版)、影響の大きさが窺える。文愛徳はまた*Hand Book of New Terms and Newspaper Chinese*（English-Chinese and Chinese-English）を編纂し、1917年Shanghai Printed at the Presbyterian Mission Pressより出版した。

20）編者莫安仁（Evan Morgan, 1860–1941）は、キリストプロテスタント英国バプテスマ会の牧師で、中国で53年間布教した。本書のほかに*Guide to Wenli Styles and Chinese Ideals. Essays,* Edicts etc., London, 1912. Shanghai; *The Chinese Speaker: Readings in Modern Mandarin*: parts I-IV『官話彙編』1916; *Colloquial Sentences, with New Terms Chinese and English Texts,* Shanghai, 1922などの著がある。韓一瑾「莫安仁（Evan Morgan）及其《中英新名辞典》諸版本研究」（『中国語研究』60号、2018年10月、第80–87頁）参照。

21）沈国威「西洋人記録的世紀之交的新漢語」、『東西学術研究所纪要』第42輯、2009年、第101–111頁。

ductory Chapter on *Wenli* という章を設け、中国語の文理、即ち文章の体裁の変化について論じた。

文愛徳はテキストの中に次の3つの文体が含まれていると述べている。

一、最も簡単で分かりやすい口語、即ち官話；
二、浅文理、即ち平易な文語；
三、深文理、即ち典籍にある文語；

文愛徳は深い文理は極めて難しいが、幸いなことに浅い文理と呼ばれる新しい文体が形成されつつある。この文体は最も単純明快で、全国に通じる口語から栄養を得て、1913年当時、浅文理はまだ発達の途中にあったが、すでに新聞雑誌の主要な文体となり、中国語発展の究極の目標であった。これまで話し言葉でしか使われていなかった語句と表現が、浅い文理に入ってきている。例えば所属格を表す「的（日本語の［の］にあたる)」などである。文愛徳は、中国語の文体の変化はキリスト教布教の文章から始まったものだが、一般向けの新聞雑誌がそれを強力に推し進めた役割を果たしていると考えている。(深) 文理と官話の違いについて、文愛徳は次の9点を挙げている。

（1）官話より文言の語彙が圧倒的に多い；
（2）文言が極めて簡潔であること；
（3）文言の語には品詞を兼ねる現象がある；
（4）文言の語には多義語が多い；
（5）文言の語彙は、意味や発音において官話と異なる場合がある；
（6）文言は独特の語順を有すること；
（7）最も基本的な語の中には、文言と官話で異なるものがある；
（8）語気を表す語が異なる；
（9）文法の語が異なる；

文愛徳の意見は目新しいものではないかもしれないが、項目（1）では重要な問題に触れている。当時、中国滞在の宣教師を含め、多くの人が口語は「大体不具（完璧ではない)」、語彙は文言ほど豊富ではないと考えていた。この問題については次節でもう一度考えてみたい。

莫安仁の本は小型の辞書の形を取っており、約6000の新語が収められている。Part I は中英対訳語彙表（1-164 頁）、Part II は Classified Terms 一覧（165-220 頁）である。Part II に収められた見出し語は末尾の漢字で分類されている。莫安仁はそれを「terminal words」と称して 10 組 50 項目を列挙した。例えば「帰納－法」「君主－制」「共産－主義」などである。affix と呼ばず classified terms と命名したことは、莫氏が物事の本質を的確にとらえていることを示している。その後、莫安仁は 1916 年に *The Chinese Speaker Readings in Modern Mandarin* 官話彙編；1922 年に *Colloquial Sentences with New Terms;* 1932 年に *New Terms Revised and Enlarged* は、立て続けに刊行した。これらの著作の中で、新語と文体の関係は常に莫安仁の関心事であった。

中国語の変化について、日本の中国語教育者何盛三は『北京官話文法』を著している。この本は前編詞法（語彙)、後編説話法（文法）からなっている。1919 年にまず前編が出版され、1928 年に後編が追加され、全書が完成した。相当の売れ行きがあったようで、1935 年に再版された（以下、『詞編』（1919)、『文法』（1928）と略す）[22]。中国語が激変する時期に執筆された本書は、中国語の激変ぶりと著者の認識の深化を反映している。

何盛三は『詞編』（1919）の中で次のような見解を示している。中国

22）何盛三『北京官話文法（詞編)』1919；『北京官話文法』、東京：太平洋書房、1928。何盛三と官話の問題について、千葉謙悟「何盛三の中国語認識」、『近代中国と世界』、中央大学出版部、2020 年、第 31-52 頁参照。その他、高田時雄「トマス・ウェイドと北京語の勝利」、『西洋近代文明と中華世界』、京都大学出版会、2001 年、第 127-142 頁；吉川雅之「十九世紀在華欧米人の官話像」、『ことばと社会』17 号、2015 年、第 51-80 頁なども参照。

語は文言と白話が大きく分かれており、この点は他の言語と大きく異なっている。世界の他の文明国と違って、中国語には方言を超えた日常的な共通語はなく、視覚に訴える文章は中国人にとって唯一の共通の意味表示装置である。同じく口語であっても、中国語は大きく官話と非官話の二つに分けられている。官話は主に中国北部、中部、西部で話されており、他の方言と比べれば、官話はやや文章語に近く、文法が厳密で、語句が上品である。高位の中国語である。官話は洗練されており、知識層の言葉であり、官界で通用する言葉でもある。北京は政治の中心であり、北京官話は事実上中国語の代表である。何盛三は『詞編』（1919）の中で、その後の北京官話の強力な発展を予測していたが、同時に、この時点では知識界の公用語、即ち学術言語はまだ完成しておらず、もちろん「国語」もまだ問題になっていないことを強調している（『詞編』では「国語」という用語さえ使われていない）。9年後、何盛三は『文法』（1928）の中で中国語の発展と変化について新しい記述を付け加えた。清末以来、国音国語統一運動が勃興し、一部の有識者は国語の統一が国民の社会生活の上で極めて重要であることを認識した、民国に入ってから、様々な言語政策が実施され、学校で採用されている注音字母、口語文（白話）の使用も日に日に増えた。1917年に文学革命が提唱された後、論文、小説、詩歌ないしは新聞雑誌まで口語文が採用された。発音の統一が可能となり、言文一致が実現しつつある。

何氏はこの間の北京官話の国語化について、近年、中国の気風が大いに開け、異なる階層の人々は、政治経済の面において交流を深め、北京官話が共通語として使われる範囲が著しく広がったと指摘している。民国成立後、満州の権力者の地位は地に落ち、漢民族、特に南方の人々は国家組織の中で重要な位置を占め、南方方言の発音、言葉遣いもその勢いに乗って官話に進出してきた。特に新しい事物が新しい表現とともに中国に輸入され、最近の共通語は、それまで尊敬されていた純粋で優雅な北京官話から遠ざかり、新しい知識層が一般的に使う共通語となる勢いである。ここ十数年、新時代の教育を受けた人々が使う共通語、いわゆる「普通語」は、北京官話をベースにしているが、その発音は往々にして異なっている。語彙の中に新語だけでなく、南方方言の語もある。北京官話の文法は各地の官話、特に「普通語」に通じるが、違いは発音と語彙である。何盛三は現代中国語とは、流行の新名詞＋普通語であると考えている。

千葉謙悟は、何盛三は『詞編』（1919）から『文法』（1928）までの間に官話が徐々に標準バリエーション、即ち共通語に変化していく事実を捉えた。その主な証拠は語彙の更新である。新語は、1つは南方語彙、もう1つは訳語で構成されている。何氏は、新語は新しい官話を特徴づけ、中国語の近代的文体を支える基礎でもあると考えている。何盛三は、新語は文学革命の白話文体に従って官話の中に深く浸透していることを発見した。語彙の変化が官話の変化を促し、ついに新旧の官話が袂を分かつことになった[23)]。

何盛三による鋭い観察は以下の問題を立証した。20世紀に入ってから、政治の強い関与の下で北京官話が最終的に南京官話に取って代わった。官話の書面語化がスピードアップし、この過程で翻訳に使用された新語と叙述形式の欧化が、文字改革、白話文運動の助力を経て、官話を国語に引き上げた。何盛三は、白話文学が国語化を強力に促進したと考えているが、教育制度の果たした大きな役割については論じていない。

旧い官話と新しい官話の違いが夥しい数の新語の参入にあるとすれば、語源的考察を含め、新語をめぐる諸問題を解明することは研究者にとって避けて通れない問題となる。

---

23）千葉謙悟「何盛三の中国語認識」、『近代中国と世界』、中央大学出版部、2020年、第31-52頁。

## 4　中国語の新語について

20世紀に入って最初の10年間は、中国語語彙の激動期であった。具体的には、新規語の増加と既存語の刷新という2つの側面がある。まず新規語の増加を見てみよう。語彙体系に新たに追加された語彙項目は主に以下の4種類である。

（1）二字の学術用語、抽象語彙（以下、「新名詞」とも呼ぶ）
（2）二字動詞、形容詞（以下、「新用言」とも呼ぶ）
（3）二字の区別詞、名詞の修飾成分にしかなれず、日本語の連体詞のようなもの
（4）新しい接頭辞、接尾辞および接辞を構成要素とする三字、四字語

第1類の語は「新名詞」とも呼ばれ、新しい概念の流入に対応するために造語されたものである。新しい文物制度や新しい知識を表現するには新しい語が必要であると一般に考えられる。しかし同時に私たちは多くの新語が必ずしも新概念を表すのではなく、新しい語形を提供するのみの場合もあることをはっきり認識する必要がある。（後述）新名詞の創造に関して、中国に来た宣教師らは大変な努力をしたが、成功を収めることができなかった。現代中国語は学術用語をはじめ、一般語彙も日本語から借用か、日本語の影響を受けたものがかなりの語数にのぼっている。『英華大辞典』（1908）、『辞源』（1915）、『*English and Chinese Dictionary*（官話）』（1916）などは、日本語から新語を受け入れる状況をリアルに反映している。

第2類の語を筆者は「新用言」と呼んでいるが、これまで体系的な考察はなされていなかった。現代中国語はなぜ大量の新用言を必要とするのか。用言は名詞と違って、もちろん既存の概念、動作、性質に対して

細分化と制限を加えることができるが、しかしいつも新概念と緊密に関連するわけではない。名詞の場合と同じように、多くの場合、新用言は新しい概念ではなく、新しい語形を提供するのみである。その目的は、精密な描写を実現し、修辞的な効果を高めるという側面があるが、より重要なのは、次節で述べるように、新しい時代の発話行為を成立させるためである。白話が文語に取って代わる過程において、新用言の獲得は重要な問題である。

第3類の語は形容詞を補完するものであり、名詞的概念を細分化し、修飾することが主な機能である。二字区別詞の発生（つまり、語源）と定着は、まだ多くの事実を解明しなければならない[24]。

以上の3種類の語は中国最初の近代的国語辞典『辞源』（1915）には極僅かしか収録されていなかった。新用言と区別詞の不在は、当時の中国語の科学叙事機能の限界を示しているものである。

第4類は「-性、-化」などの新しい接辞、及び「-員、-手、-品、-機…」などの接辞成分である。「-性、-化」は日本語に由来するもので、品詞性を変えたり、文法的な意味を付加したりする機能を持ち、西洋言語のsuffixと同じ性質を持っている。「-員、-手、-品、-機…」などの機能は名詞を分類・整理するものであり、莫安仁のclassified termという命名は適切である。新名詞の大量発生は、語彙の体系的整理の必要性を引き起こし、classified termがその要請に応えるものである。新しい接辞や接辞成分は三字語を大量に産出し、中国語のリズムを変えた。

## 5　言文一致と科学叙述

王力と違って、呂叔湘は言文一致を中国語の近代現代を分ける分水嶺

24）呂叔湘・饒長溶「試論非謂形容詞」、『中国語文』、1981年第2期。

と見なしている。言文一致とは何か、なぜ区別の基準になりうるのか。議論を進める前に、同時代の外国人、何盛三の感想を見ておこう。『文法』（1928）に新たに追加された総説第4節「国語統一運動と白話文学興隆」（25-48頁）の中で、何盛三は次のように書いている。

- 同じ言語で国民精神の統一を図ることは近代国家の目標である。国語は同じ国家に属する国民の多くが意思疎通のために使う言語である。清末から国語統一の問題がすでに議論の対象となったが、民国以降、発音の統一が国語統一の第一歩となった。
- 国語の統一には語彙の統一が欠かせない。外国文化の導入に伴い、新しい文物・製品が増え、新語も多く出現した。また一般教育の普及に伴い、国語の統一は社会の要請となる。
- 中国は昔より口語が軽んじられ、文章が重要視された。しかし、この風潮はこの10年間で変化した。現在の中国の文章界は、白話を主とする傾向が強い。新聞雑誌はまだ完全に口語化ができていないが、口語的要素が大いに増えた。現在の中国文学界では、優れた作品はすべて白話であり、白話は外国小説の翻訳さえもこなせるようになった。純文学だけでなく、一般の学術書や論文も白話が使われることが増え、ビジネス界でも白話が大いに流行している。
- 文学革命は他の近代国家と同じ軌跡をたどり、優れた文学作品は言文一致を促進し、国語形成の基礎となっている。白話小説はほとんどが南方人の作品であることに注目すべきである。

何盛三は中国語の文法や語彙の変化に気づいていたが、それを意識的に明確に記述することはなかった。例えば「詞法」、つまり語彙部分はおよそ200頁であるが、ほとんど新語に触れていない。「説話法」、即ち構文論の部分はあまりにも簡略化されていた。このうち「複説話」（複文）

の節（341-360頁）に記述されている現象は明らかに西洋言語の従属節の形式に関係しているが、こちらも議論が尽くされていなかった。

わずか数年の間で、官話が国語へ発展する傾向が顕著になっている。白話文学が後押しすることも重要だが、決定的な役割を果たすのは、言語社会が新しい言語行為――科学叙述――を求めていることである。「科学叙述」とは何か。発話行為としての「科学叙述」には、次の要素があると考えられる。

- 空間：教室等の学校施設又はその他の公共的な空間
- 内容：自然科学・人文科学の知識（現代人の知識背景を構成する常識）
- 対象：不特定多数の学生、その予備知識はシラバス等によって規定されている
- 言語：地域、方言を超える口頭共通語
- 媒体：教科書、教師の講述

口頭による表出と聴覚による理解は、学校等において科学叙述を成立させる必須条件である。科学叙述はこれまでに存在しなかった言語行為であり、今でも一部の地域では方言を用いての科学叙述ができない（例えば呉方言、閩方言、客家方言など）ことを考えあわせれば、言語上の障碍を克服するのは容易ではないことがわかる。

呂叔湘は、言文一致の「言」は語体文（口語）で、「文」は超語体文（筆語）であり、一致するかどうかの境界は「聞いて分かるかどうか」と、「ある言語社会では主に語体文を用いるのであれば、言文一致であって、超語体文が通用するのであれば、言文不一致であると言うことができる」と指摘している[25]。呂叔湘はさらに五四運動以後、言と文が1つに統一さ

25）呂叔湘「文言和白話」、第76頁。

れたので、中国語が近代化を成し遂げたと主張している。但し、筆者は「聞いて分かるどうか」だけでなく、特定の場面での「口頭で表現できるかどうか」（つまり有声化）も条件に付け加えるべきで、「文」の内容に関しても時代に合うものでなければならないと規定すべきだと考えている。つまり言文一致の「言」は教科書に基づく講述であり、「文」は科学の常識を内容とする「応用」の文であって、文学の文ではないということである[26)]。

では、科学叙述を目的とする言文一致が、言語そのものにとってクリアしなければならないものは何か。文章のレベルからみれば、文の構成要素（主語、述語、目的語）を省略せずに明示することや判断の論理的構造の明晰さが必要である[27)]。語彙のレベルでは語の二字化がポイントとなる。梁啓超、呉稚暉、胡以魯らはいずれも「一字不詞」、つまり1字は語として口頭で使いにくい問題に言及している[28)]。聴衆の立場に立てば、傅斯年は「中国語は一字一音、一音一義であるが、同音の字が多く、甚だしきは、百以上も達する。同音の字が多いので、口頭で表現する場合容易に理解できない。さらに一字を付け加えることで、聞く者は容易に理解できるようになる」。さらに一字語を二字語に拡張することにより、書面語では意味が精密になり、口語では聴解可能となる。従って（現代中国語は）一字語を必ず少なくし、二字語を必ず多くしなければならない」と指摘している[29)]。

---

26）沈国威「言文一致の語彙的基盤について ―― 日中の場合」、『中国文学会紀要』42号、2021年、第1-28頁。

27）胡適は、早くからこの問題を意識していた。胡適「如何可使国文易于教授」「作文不講文法之害」「論句読及文字符号」等参照。姜義華主編『胡適学術文集：語言文字研究』、中華書局、1993年78頁；81頁；第344-345頁。

28）沈国威『漢語近代二字詞研究』、第1-3章参照。呂叔湘「現代漢語単双音節問題初探」（『中国語文』1963年、第63-1頁）はこの問題について詳細に検討している。

29）傅斯年「文言合一草議」、『新青年』第4巻第2号、1918年2月15日。銭玄同も「中国語には、根本的に救えない欠陥がある。それは単音節である。単音節の文字は、同音のものが極めて多い」と指摘している。銭玄同「中国今後之文字問題」。沈国威著『漢語近代二字語研究』の第1章を参照されたい。

しかし当時は口語に使える二字語が非常に貧弱であった。補充が大問題となる中、中国の古典が資源として意識されるようになる。劉半農は、「文語と口語は一時的に対等する地位にあるだろう」と指摘している。その理由は「両者にそれぞれ長所があり、また短所もあるので、片方を排除することができないからである」と述べている。片方を排除できないというのは、文語を俄に廃止してはならないということである。劉氏は、口語は文語に劣るところがあるので、文語から口語への転換は一挙にして成し遂げられるものではないと考えている。「口語の方にとっては、その固有の長所を極力発達させることに加えて、文語の長所を吸収すべきである」と論じている[30]。文語の長所として、劉半農は緻密で洗練された語彙の存在を挙げていた。傅斯年も「状況描写に用いる語は、口語よりも文語のほうが表現力が優れるならば、文語を用いる。例えば『高明』『博大』『荘厳』などは、もし口語を用いて表現すれば、素っ気なくなるのは必至である。中国の今日の口語は、極めて素朴である。文語のように状況描写の語に含意されている美しさ、性質の奥ゆかしさなどは、口語の語彙にはない。口語で表現すれば、大いに色あせてしまう」と指摘している。傅斯年は、口語の形容詞は余りにも貧弱で、その補充が急務だと考えている。但し氏が意識した補充源は中国の古典であり、「不足しているものは、文語をもってこれを満たし、躊躇すべきではない」と指摘している[31]。胡適も、「文学の国語」を実現するためには、いつでもどこでも「文語の中の二字以上の語を採用すべきだ」と述べている[32]。

---

30）劉半農「我之文学改良観」、『新青年』第3巻第3号 1917年5月1日。

31）傅斯年「文言合一草議」、『新青年』第4巻第2号 1918年1月15日。加重号は原文のまま。

32）朱経農への胡適の書簡、『新青年』第5巻第2号 1918年8月15日。加重号は原文のまま。陳独秀は、言文一致の方針をとる以上は、できるだけ文語で使用されている上品な語彙を取り入れて初めて純然たる口語と区別される。口語の中によく用いられる文語の語彙、例えば豈有此理、無愧于心、無可奈何、人生如夢、万事皆空の類いはできるだけ取り入れるべきである。必ず文章を口語に近づけ、口語を文章に近づけることを求めなければ、「文言一致」が実現できないであろうと指摘している。「銭玄同への陳独秀の書簡」、『新青年』3巻6号、1917年8月1日。但し、陳氏が意識しているのは四字成語

一方、周作人は、国語改造の方法にまず古典語を採用することを挙げている。彼は、「中国語の口語に足りないのは恐らく名詞などではなく、形容詞や助動詞、助詞の類いであろう。例えば寂寞、朧朦、蘊藉、幼稚などはいずれも意味相当な俗語がないので、直接文語の語を用いるべきであると述べている[33]。1922年の時点において、名詞等より、新用言の不足は深刻である。2年後、周氏はさらに、「狭義的な民衆の言葉も、決して十分ではないと思う。現代人の感情を適切に表現することはできない。われわれが求めているのは、口語を基本とし、文語（語、四字成語であって、文章ではない）、方言、外来語を取り入れて、適切に構成され、論理的に精密で芸術的な美しさを備えている国語である」と指摘している[34]。

しかし、古典語の採用は簡単にできるものではない。漢字革命を唱えた銭玄同は「口語の語彙が少なすぎて、文法も非常に不完全である。文語を取り入れ、新しい国文を創出することは容易ではない」と嘆いていた。実際、現代中国語における新用言の大多数は日本語によって獲得されたものである[35]。

## 6　語彙体系の近代的再構築

20世紀初頭の新語の増加は、中国語の語彙体系を根本的に変えた。筆

---

のようである。

33）周作人「国語改造的意見」『東方雑誌』第19巻第17号、第7-15頁。

34）周作人「理想的国語」、1925年9月刊京報、『国語周刊』13期、『周作人文類編・夜読的境界』、第779-780頁。

35）沈国威『漢語近代二字詞研究』第5、6章参照；及び周菁『日本近代二字形容詞的形成 ── 基于詞彙近代化視角的考察』（2018年関西大学に提出した博士論文）；楊馳『近代二字漢字動詞的形成與発展 ── 基于中日語言接触及詞彙近代化視角的考察』（2020年関西大学に提出した博士論文）。

者はこれを「中国語語彙体系の近代的再構築」と呼んでいる[36]。新たに追加された語は、内容的な新語と形式的な新語の2つに分類される。内容はつまり意味、形式はつまり語形であり、ここでは語の長さを指す。両者を織り交ぜて、以下の3つの方式で具現される。

一、新しい語形。つまり語の形式は中国の典籍になく、全く新しいものである。意味に至っては新しいものもあれば、古いものもある。例：哲学、神経、目的；分泌、表決、打消、考慮、思考、出勤；優秀、正確、簡単、単調、冷酷、正常、敏感……（下線の語は新しい意味の語である）

二、旧語形Ⅰ。語形は旧いが、意味は近代的に更新された、即ち旧語形新語義である。例：革命、共和、経済、関係、影響……

三、旧語形Ⅱ。語の意味に実質的な変化はないが、この時期に急激に使用頻度が高くなり、当該概念カテゴリの中心メンバー（prototype）となった。このような語を、筆者は特に「活性語」と呼ぶ。例：愛国、安全、保証、表明……

いわゆる語彙体系の近代的再構築には、「基本語彙化」と「単双相通ずる」という二つの側面が含まれる。

## 6-1　基本語彙と基本語彙化について

王力と呂叔湘が語彙が漢語の時代区分の基準にならないと考えたのは、その基本的な部分、即ち基本語彙が変わっていないからだと主張している。

語彙研究は通常、語を古典語、現代語、或いは対象をより明確にする

36）沈国威『漢語詞彙体系的近代重構與語言接触』、『国際中国語教育史研究』第2輯、北京：商務印書館、2020年、第63-77頁。

ために、常用語、次常用語、一般語などに分ける。語彙体系の一部の要素を基本構成員と見なし、その名を「基本語」と呼ぶこと自体は、ある種の素朴な直感を反映しているが[37]、但し一部の書物は基本語彙の3つの特徴、即ち「安定性」、「生産性」、「全国民的常用性」の繰り返しに終始している。基本語彙となる条件は何か、客観的な選定基準は何か、基本語彙はどれくらいあり、どんな語が含まれているのか、基本語彙はどのような体系的構成を有するのか、などについては、所見の限りでは議論がなされていない。

筆者は、語は異なる概念カテゴリに属し、認知の基本レベルに位置する概念カテゴリは一定数と考えている。基本語彙の主要な部分は基本レベルに位置する概念カテゴリの中心メンバー、即ち認知言語学で言うプロトタイプ（prototype）だと認める必要がある。これまでの認知言語学では、プロトタイプをめぐる議論は言語的な知識ではなく、歴史文化的な環境の中で形成された百科的な知識を扱ってきた。例えば北米ではロビンがbirdのプロトタイプになっているが、中国では「鳥」のプロトタイプは「スズメ」である。このような認知類型の検討も重要であるが、言語知識の認知メカニズムは言語研究がより注目すべき問題である。言語知識とは、ある概念カテゴリにおける、構成メンバ間の使用頻度、文体的特徴、修辞効果の違い、中心からの距離である。中国語の知識を持っている人は、「妻子」が「老婆、媳婦、拙荊」より使用頻度が高く、意味もよりニュートラルであることを知っている。このプロトタイプの性質は基本語彙の主要な判定基準になると考えられる。共時的な状態における語の原型（prototype）が通時的進化の結果であると認められれば、プロトタイプは時代と共に変化することを意味する。日常生活に関連する語彙（筆者は「文化語」と呼んでいる）に比べ、科学叙事に使われる

37）語彙研究におけるもう一つの概念「常用語彙」は使用頻度調査に基づいて決定されたもので、第二言語語彙教育研究における基礎語彙は専門家の吟味を経た常用語彙である。

語彙（筆者は「文明語」と呼んでいる）のプロトタイプ化が20世紀に入ってから徐々に完成したのである。筆者は形容詞「優秀」が「卓越、卓絶、傑出、優良」などを抑え、1930年代末に最終的に「優美」に代わってプロトタイプになった過程を考察したことがある[38)]。五四運動前後に広く観察された中国語の「基本語彙化」現象は、近代的な類義語群の爆発的な拡大によるものであると筆者は考えている[39)]。つまり、これまでの基本語彙は一字語形式の日常生活の語彙であり、科学叙事に使われる二字語は含まれていなかった。しかし、中国語の現代性は正にこのような二字語によって提供されているのである。

## 6-2 「単双相通」の原則

本文の新語はすべて「二字」という限定成分を加えている。新語はなぜ二字語でなければならないのか？その理由としては、精密な描写のためと、科学叙事を目的とした言文一致のための2つが考えられる。

一文字語は融合型の単純語であり、二文字語は分析型の複合語である（連綿語、音訳語を除く）。構成要素の関係は、限定型と連合型の2つに大別できる。前者は、定中、状中、述賓、動補などの構造を含み、概念を限定し、精密に描写することで、物事や事態を区別する。近代以降は様々な概念が増え、言葉で対応する必要があるが、単純語だけでは区別して命名することができなくなり、大量の二字語が生まれたということである。先に述べた区別詞も、語彙システムにおいて区別的な機能を担っている。しかし、新語、特に新用言には並列構造が少なくなく、並列

38）拙著『漢語近代二字詞研究』参照。拙著では概念カテゴリのタイプ、即ち「一物一名」型と「一物多名」型の違い、基本レベルにおける概念範疇の数量び内部構造上の特徴、東アジア諸言語における概念カテゴリーのプロトタイプ化の問題、概念カテゴリのプロトタイプと基本語彙との関係などを考察した。

39）沈国威「基本詞彙與基本詞彙化：詞彙体系的近代重構」、内田慶市編著『言語接触研究の最前線』、関西大学東西学術研究所、2020年、第23-54頁。

構造の語は意味が同じ、或いは近い２つの成分から構成されており、精密描写に実質的に寄与していない。このような新語の出現は、前節で述べたように、言文一致に必要である。

何盛三、王力はいずれも、複音化は現代中国語の重要な特徴であると指摘している。新旧語彙体系の変容は、語彙形式において次のように具体的に現れている。

一、新しい概念は二字語で表現すること。新しい概念が翻訳によって導入されるならば、訳語は二字語形式を採用しなければならないということになる。

二、既存の概念を表す一字語に対して、同義、或いは意味の近い二字語形式を（多くの場合は複数である）用意する必要がある。

上記の２つを、筆者は「単双相通の二字語原則」と呼んでいる[40)]。第2項は、新旧語彙体系の語義的連続性を保証し、言文一致を実現するための前提条件である。「単双相通」は、東アジア漢字文化圏諸言語（日、韓、越）の語彙体系の再構築に従った原則でもある。

## 7　終わりに

厳復は漢語の前近代性を痛感し、中国語で科学を教えることを提唱する人たちと論争した時、「至欲以漢語課西学者，意乃謂其学雖出於西，然必以漢語課之，而後有以成吾学。此其説美矣，惜不察当前之事情，而発之過蚤，（中略）迨夫廿年以往，所学稍富，訳才漸多，而後可議以中文授

40）沈国威「中国語語彙体系の近代化問題 ── 二字語化現象と日本語の影響作用を中心として」、内田慶市編著『周縁アプローチによる東西言語文化接触の研究とアーカイヴスの構築』、関西大学東西学術研究所、2017 年、第 15-35 頁。

諸科学，（下略）」と述べ、中国語が科学的叙事の重責を果たすには、あと 20 年努力しなければならないと考えている[41]。

数年後、厳復は青年のために集中講義をしていた時に「今者不佞與諸公談説科学，而用本国文言，正似製鐘表人，而用中国旧之刀鋸錘鑿，製者之苦，惟个中人方能瞭然。然只能対付用之，一面修整改良，一面敬謹使用，無他術也」と感嘆した[42]。中国語に対する無力感は、話し言葉の方が書き言葉をはるかに上回る。

しかし 1920 年代末、傍観者としての日本の中国語教育者、何盛三は、民国 6 年（1917）に文学革命を提唱して以来、論文、小説、詩歌、新聞雑誌、白話の使用が日増しに増加し、風潮が一変し、この 10 年間は特に隔世の感があったと述懐している[43]。柴萼は、大量の日本語の語彙が中国語に押し寄せ、「学者は新語を使わなければ、講演や文章の執筆などがままにならない。急進的な人が白話を主張するまでもなく、中国語は大きく変わった」と指摘している[44]。新語は決定的な役割を果たした。20 年余りの間、中国語は方言から、官話を経て、国語に成長し、現代の言語としての属性が備わるようになった。この間の歴史を記述するには、語彙の視点から考察することは欠かせない。言語のモダニティーは語彙のモダニティーよって決まるものだと筆者は考えているからである。

付記：本稿は、日本学術振興会科学研究費補助金：基盤研究 C「日中における言文一致の語彙的基盤に関する研究（A Study on the Lexical Basis of Japanese-Chinese Language Consistency）」（2022 年度～ 2024 年度、研究代表者：沈国威）による成果の一部を含んでいる。

---

41）厳復：「與『外交報』主人書」、この文章は 1902 年に執筆したもの。王栻主編『厳復集』（中華書局 1986）第 3 冊、561-562 頁。しかし、『英文漢詁・卮言』の中で、厳復は、「吾之為此言也，（中略）非謂西学之事，終不可以中文治也；特謂欲以中文治西学読西史者，此去今三十年以後之事」とあり、期間を 30 年に修正した。王栻主編『厳復集』第 1 冊、156 頁。この文章は 1904 年初夏に書かれた。

42）厳復：『政治講義』、1906 年作、王栻主編『厳復集』第 5 冊、第 1247 頁。

43）何盛三：『北京官話文法』、1928 年、第 5 頁。

44）柴萼：『梵天廬叢録』、中華書局 1926 年、巻 27、33 葉下 -35 葉上。

# 漢文訓読と
# 和歌散文連接形式の展開

乾　　善彦

## はじめに

日中言語接触ということに関して、漢文訓読が重要な「装置」としてあったことを、これまでに以下の論考において報告してきた。

①中国語と日本語の言語接触がもたらしたもの（高田博行、渋谷勝己、家入葉子編『歴史言語社会学入門』「第5章」（2015.3、大修館、95-115頁））

②借用語の歴史と外来語研究―「漢語」と「翻訳語」をめぐって―（日本語学35-7　いま外来語を考える、2016.7、44-55頁）

③漢文訓読という言語接触　（吾妻重二編『文化交渉学のパースペクティブ―ICIS国際シンポジウム論文集』（2016.8、関西大学出版部、85-100頁））

④表記体から文体へ（内田慶市編『周縁アプローチによる東西言語文化接触の研究とアーカイヴスの構築』（関西大学東西学術研究所研究叢書　創刊号　言語接触班、2017.1、37-55頁））

本稿では、これらを受けて、古代散文文体の成立と、そこでの和歌の引用形式について、そこにも漢文訓読の影響が大きかったことを考えてみたい。和歌と散文による文学形式は、日本語にとって必然であって、そこに他言語の影響の入り込む余地はないようにも思われる。しかしながら、同じく自然ないとなみのはずの会話引用形式には、漢文訓読の影響がみとめられることを考えると、比較的よくにた形式をとる和歌の引用形式にも漢文訓読の影響があってもなんら不思議なことではないだろう。

## 1　会話文引用形式の展開と漢文訓読

古代散文における会話文の引用形式については、拙著『日本語書記用文体の成立基盤』第三章第一節　古事記の会話引用と会話引用形式（2017、塙書房、初出は2002.3）において、『古事記』の会話文の引用形式が漢文的な部分と日本語的な部分とがまじりあっていること、その様相が古代変体漢文の文章だけでなく、平安時代初期仮名文学作品にも引き継がれていることを指摘した。初出時点では、『古事記』の表記体が漢文を基本としたものであり、それと日本語要素とが入りまじるかたちで特異な表記体を現出していると考えたのだが、その方向性が漢文訓読を基礎とする「和漢混淆」のひとつのあらわれであり、「和漢混淆」が総合されることで日本語書記用文体を成立させる基盤となったと考えたのが拙著であった（その後に発表した拙稿、「和漢混淆文」と和漢の混淆（国語と国文学93-7、2016.7、3-17頁）も参照）。つまり、発話動詞を会話文の前後におくという、一見、無駄な発話動詞のあらわれ方をとる「双括形式」の会話引用形式は漢文訓読の形式がもたらしたものであると考えたのであった。

ただし、ここで注意しておきたいのは、一見、不自然で無駄な表現形式であっても、それが、ひとつの文体を形成するには、それが定着するだけの要素が、日本語側にもあったことを考える必要があるということである（塚原鉄雄『国語史原論』「可易性と不易性」（1961、塙書房））。

その一端が、『古事記』の場合、

爾、伊耶那美命答白、「悔哉、不速来。吾者爲黄泉戸喫。然、愛我那勢命〈那勢二字以音。下效此〉、入来坐之事恐。故、欲還、且與黄泉神相論。莫視我」。

如此白而、還入其殿内之間、甚久難待。(34-12)

のように、会話文で一旦、文をむすび、それを指示語で受けてつなげてゆくという形式にあると考えた。会話文はそれ自体がひとつの独立した文章であるから、それを、別の文章の中に組み込むためには、漢文だと「曰「──」(者)。」という形式で、発話動詞が会話文の前に置かれる。一方、日本語の場合、通常ならば「と」で会話文をうけて、発話動詞を後に置く「「──」といふ」という形式が自然であり、ここに大きな差がある。ただし、漢文を訓読する場合には、会話文が長いと、戻る距離が長くなってしまい、そこで、どこからが会話文かあらかじめわかるように、「曰」を先によむことで、ことなる文章の部分がはっきりわかるようにし、また、終わりを明示するために、日本語の習慣によって会話文を「といふ」で受けると、「双括形式」(「いはく「──」といふ」といった形式)が生じる。しかし、これをそのまま漢文ないし変体漢文として文字化したのでは、漢文として不自然なものとなる(「曰「──」曰。」といった形式)。そこで漢文としては自然な、「「曰「──」。」で、一旦、文を切り、指示語でこれを受けて文章を続けるという形式が選ばれたものと考えたのである。『古事記』では、漢文式の形式についで、この形式が多く、完全な「双括形式」(「曰「──」曰」)はわずか二例にすぎず、日本語の形式である、「「──」といふ。」の形式は、

於是、送猿田毘古神而還到、乃悉追聚鰭廣物・鰭狭物以問言、「汝者天神御子仕奉耶」之時、諸魚皆「仕奉」白之中、海鼠不白。爾、天宇受賣命謂海鼠云、「此口乎、不答之口」而、以紐小刀折其口。(77-5)

の一例のみで、ここは「もろもろの魚が皆、「つかへまつらむ」といった中で」という従属節中の短い会話引用で、むしろ地の文の一部といってよく、通常の会話引用とは異なる特殊なものと理解される。つまり、古事記中の二例の「双括形式」(「曰「──」曰」)は、漢文としては違例で

あり、漢文訓読の影響による、日本語的（漢文訓読的）な変体漢文の部分だといえるのである。

## 2　漢文中のウタの引用形式

では、それにもかかわらず、「双括形式」が平安時代仮名文学作品中でも頻繁に用いられるのはどうしてなのだろうか。そこに、日本語側でもこれを受け入れるだけの、ある程度の「自然さ」があったからだと考えざるをえない。このことについて考える前に、古代漢字専用文献における、ウタの引用についてみておく。

漢文でのウタの引用は、会話文と同じ動詞「曰」によって示される。『日本書紀』においては、場面によって多様性はあるものの、ほぼ、「歌（之）曰」の形式で、漢文の格にのっとったものである。

【歌之曰】

〈或云、時武素戔鳴尊歌之曰、「夜句茂多菟伊都毛夜覇餓岐　菟磨語昧爾　夜覇餓枳菟倶廬　贈廼夜覇餓岐廻」〉（神代上、第八段正文）

＊〈　〉は割書き

故歌之曰、「阿妹奈屢夜　乙登多奈婆多廼　汚奈餓勢屢　多磨廼彌素磨屢廼　阿奈陀磨波夜　彌多爾輔柁和柁邏須　阿泥素企多伽避顧禰」

又歌之曰、「阿磨佐箇屢　避奈菟謎廼　以和多邏素西渡　以嗣箇播箇柁輔智　箇多輔智爾　阿彌播利和柁嗣　妹慮豫嗣爾　豫嗣豫利據禰　以嗣箇播箇柁輔智」

此兩首歌辭今號夷曲　（第九段一書第一）

【歌曰】

故歌曰、「烏波利珥　多陀珥霧伽弊流　比苔菟麻菟阿波例　比等菟麻菟　比苔珥阿利勢麼　岐農岐勢摩之塢　多知波開摩之塢」（景行四十年是歳）

一例のみだが、『古事記』の会話引用の場合と同じく、ウタの引用を、「如此歌之」（カクノゴトクウタヨミシテ）と指示語で受けて、次の文脈に続ける方法が見られる。

【歌之曰「――」。如此歌之、】

仍歌之曰、「許能瀰枳破　和餓瀰枳那羅　椰磨等那殊　於朋望能農之能　介瀰之瀰枳　伊句臂佐　伊句臂佐」

如此歌之、宴于神宮。（崇神八年十二月）

また、「歌」のかわりに「謡」字を用いるものがある。これにも「謡之曰」と「謡曰」の二種類がある（「謡」の訓注に「謡、此云宇多預瀰（ウタヨミ）」とあり、これによって、『日本書紀』では、ウタの引用は「ウタヨミシテイハク」と会話引用と同じ形式でよまれるのである。

乃為御謡之曰、〈謡、此云宇多預瀰。〉「于儺能多伽機珥　辞藝和奈破蘆　和餓末莵夜　辞藝破佐夜羅孺　伊殊区波辞　区旎羅佐夜離　固奈瀰餓　那居波佐麼　多智曾麼能　未廼那鶏句塢　居気辞被恵禰　宇破奈利餓　那居波佐麼　伊智佐介幾　未廼於朋鶏句塢　居気辞被恵祢」

是謂来目歌。（神武即位前紀）

謡曰、「哆々奈梅弖　伊那瑳能椰摩能　虚能莽由毛　易喩耆摩毛羅毗　多々介陪麼　和例破椰隈怒　之摩途等利　宇介譬餓等茂　伊莽輸開珥　虚禰」（神武即位前紀）

このほか、少数ながら「以歌～曰」「賜（贈・作）歌曰」のように「歌」を名詞で用いる形式や「口号曰」や「口唱曰」といった別の動詞を用いるものもある。これらも、「曰」でウタをうける、会話引用形式であることにかわりない。

『風土記』、五国史など、漢文資料におけるウタの引用については、前掲拙著第二章第一節「漢文中のウタ表記の展開」に、表記形式の論ではあるが、その中に、用例についてはほぼ網羅してある。用字はさまざまであるが、やはり、原則として「曰（云）」でウタを引用する漢文式の引用方法をとることにはかわりない。

これは『古事記』でもほぼかわらない。

【其歌曰「──」】

爾、作御歌。其歌曰、「夜久毛多都　伊豆毛夜弊賀岐　都麻碁微爾　夜弊賀岐都久流。曾能夜弊賀岐袁」。(50-3)

【歌曰「──」】

此八千矛神、将婚高志國之沼河比賣、幸行之時、到其沼河比賣之家、歌曰、「──」(57-3)

次のような形式も見られるが、これも前者と同列に扱うことができる。

【以歌（─）曰「──」】(15、16、30、52)

爾、大久米命見其伊須氣余理比賣而、以歌白於天皇曰、「──」……以歌答曰「──」(98-5)

これらも、会話引用と同じように、次に「如此歌而」と続く形式があり、やはり、双括形式への前段階と見ることができる。

【歌曰「──」。如此歌而】(5、10、39、44、49、58、81、89、104、109)

爾、其后取大御酒坏、立依指擧而、歌曰、「──」。如此歌……(60-3)

【以歌語曰「──」。如此曰而】(72)

於是、建内宿禰以歌語白、「──」如此白而、被給御琴歌曰、(176-8)

いずれにしても、会話引用形式「曰〜」でいったん文を切る形式であることにかわりない。

以上により、ウタの引用形式は、会話文の引用と同じ形式であることが確認できたかと思う。このことをふまえて、平安時代の仮名文学作品での和歌の引用形式について考えてみる。そこから、日本語としての「自然さ」について考える。

## 3　初期仮名文学作品の会話引用形式

和歌の引用形式に入る前に、初期仮名文学作品の会話引用形式についてみておく。ここでは初期仮名文学作品として、『竹取物語』と『土佐日記』を取り上げる。これについては、前掲拙著の中に、『竹取物語』と『土佐日記』との会話引用形式は、漢字専用文献の会話引用形式にくらべると多様であることを、ひとこと触れているが、挙例のみで考察を加えてはいない。ここであらためて考察を加えておくことにする。

## 3-1 『竹取物語』の会話文の引用形式

少々長いが、次の部分から見てみる。五人の貴公子の求婚に対して、かぐや姫は返事もしない。そこで翁はかぐや姫に言い聞かせて説得する場面である。二人の会話が連ねられる。

これをみつけて、ⓐ翁かぐや姫に**いふやう**「我が子の仏、変化の人と申しながら、こゝら大きさまで養ひたてまつるこゝろざしをろかならず。翁の申さん事は聞き給ひてむや」**といへば**、ⓑかぐや姫「なにごとをか、のたまはん事は、うけたまはらざらむ。変化の物にて侍りけん身とも知らず、親とこそ思ひたてまつれ」**といふ**。翁「うれしくものたまふ物かな」**といふ**。ⓒ「翁、年七十にあまりぬ。今日とも明日とも知らず。この世の人は、をとこは女にあふことをす、女は男にあふ事をす。そののちなむ門ひろくもなり侍る。いかでか、さることなくてはおはせん」。ⓓかぐや姫の**いはく**「なんでふさることかし侍らん」**といへば**「変化の人といふとも、女の身持ち給へり。翁のあらむかぎりは、かうてもいますかりなむかし。この人々の年月をへて、かうのみいましつゝのたまふことを、思ひ定めて、ひとりひとりにあひたてまつり給ひね」**といへば**、ⓓかぐや姫の**いはく**、「よくもあらぬかたちを、深き心も知らで、あだ心つきなば、のちくやしき事もあるべきを、と思ふばかりなり。世のかしこき人なりとも、深き心ざしを知らでは、あひがたしと思ふ」**といふ**。ⓔ翁**いはく**、「思ひのごとくも、のたまふ物かな。そもそもいかやうなる心ざしあらん人にか、あはむと思す。かばかり心ざしおろかならぬ人々にこそあめれ」。ⓓかぐや姫の**いはく**、「なにばかりの深きをかみんといはむ。いさゝかの事なり。人の心ざしひとしかん也。いかでか、中に劣り優りは知らむ。五人の中に、ゆかしき物をみせ給へらんに、御心ざしまさりたりとて仕うまつらんと、そのおはすらん人々に申し給へ」**といふ**。「よき事なり」とうけつ。(13)

このⓐ～ⓔを会話引用形式で整理すると、次のようになる。

ⓐ翁、かぐやひめに**いふやう**、「──」**といへば**、(「いふよう」で受ける双括形式)

ⓑかぐや姫「──」といふ。翁「──」といふ。(後置単括形式：日本語の基本形式)

ⓒ「──」。(会話文のみ独立)

ⓓかぐやひめの**いはく**、「──」**といへば**、(翁)「──」といへば、かぐやひめの**いはく**、「──」**といふ**。／かぐやひめの**いはく**、「──」**といふ**。(「いはく」でうける双括形式)

ⓔ翁**いはく**「──」。(「いはく」の前置単括形式)

このような、さまざまの形式が一段落に用いられているのである。さらに、

かぐや姫のいふやう、「親のの給ふことを、ひたぶるに辞び申さん事のいとほしさに、取りがたき物を」。(19)

のような「いふやう」前置単括形式(ⓕ)、

～いふやう「──」といへば、翁**答ふ**、「さだかに作らせたる物と聞きつれば、返さむ事いとやすし」**と**、うなづきてをりけり。(23)

のような、発話動詞の終止形もしくは連体形前置の単括形式(ⓖ)、

男ども答へて**申す**、「燕をあまた殺して見るだにも、腹に何もなき物なり。たゞし、子産む時なん、いかでか出すらむ。はらくかと申す。人だにみれば失せぬ」**と申す**。(35)

のような、発話動詞の終止形もしくは連体形前置の双括形式(ⓗ)がある。

また、前置発話動詞に「は」をつづけて、

世界の人の**いひけるは**、「大伴の大納言は、龍(たつ)の頸(くび)の玉や取(と)りておはしたる」「いな、さもあらず。御眼(みまなこ)二つに、杏(すもゝ)のやうなる玉をぞ添(そ)へていましたる」**といひければ**、(34)

人の**申すやうは**、「大炊寮の飯炊く屋の棟に、つくの穴ごとに、燕は巣をくひ侍る。それに、まめならむ男どもをゐてまかりて、あぐらを結ひあげて、窺はせんに、そこらの燕、子産まざらむやは。さてこそ取らしめ給はめ」**と申す**。(35)

などがあり、前者は発話動詞に直接「は」がつく形、後者は「申すやう」に「は」がつく形で、それぞれ双括形式である。このような形式には、前置単括形式も可能であろうが、『竹取物語』、『土佐日記』の範囲では見当たらなかった。

以上、『竹取物語』においては、

①後置単括形式（日本語形式）

②前置単括形式（漢文形式）

③双括形式（漢文訓読形式）

の基本三形式がみとめられ、さらに②は漢文訓読的な「いはく」のようなク語法発話動詞の場合と「いふやう」のような比況の形式名詞を用いる形、さらに、動詞の終止形もしくは連体形でいいさして会話文を続ける形式があると整理できよう。②の前置単括形式は③の後置動詞の省略形と理解するのが適当であると思われる。ちなみに、前置動詞の形式でいうと、ク語法形「いはく、申さく、のたまはく」などがもっとも多く、「やう」形がついで、動詞終止形もしくは連体形は少ない。このことは、次の『土佐日記』ともことなるし、和歌の接続形式とも異なる点である。

## 3-2 『土佐日記』の会話引用形式

『土佐日記』は、『竹取物語』と異なり、和歌の引用が多く、また、和歌と会話文とが連続してあらわれることがあって、和歌の引用と会話の引用とがまざりあう場合が多々ある。

> この歌主、「まだまからず。」といひて立ちぬ。ある人の子の童なる、ひそかに**いふ**。「まろ、この歌の返しせん。」**といふ**。驚きて、「いとをかしきことかな。詠みてんやは。詠みつべくは、はやいへかし。」**といふ**。「「まからず。」とてたちぬるひとをまちてよまん。」**とて**求めけるを、夜更けぬとにやありけん、やがていにけり。「そもそもいかが詠んだる。」**と**、いぶかしがりて問ふ。この童、さすがに恥ていはず。しひて**問へば**、**いへる歌**、
>
> 　行く人もとまるも袖の涙川　汀のみこそ濡れまさりけれ（10）
>
> となん詠める。かくはいふものか。うつくしければにやあらん、いと思はずなり。「童ごとにてはなにかはせん。媼・翁、手おしつべし。悪しくもあれ、いかにもあれ、たよりあらばやらん。」**とて**、おかれぬめり。（33-34）

> また、船君の**いはく**、「この月までなりぬること。」と**嘆きて**、苦しきに堪へずして、人もいふこととて、心やりに**いへる**、
>
> 　曳く船の綱手の長き春の日を四十日五十日までわれは経にけり（39）
>
> 聞く人の**思へるやう**、「なぞ、たゞごとなる。」**と**、ひそかに**いふ**べし。「船君のからくひねり出して、よしと思へることを。怨じもこそしたべ。」**とて**、つゝめきてやみぬ。（48-49）

和歌の引用も、「いふ」が使われる点は他の和歌の引用と異なる点であるが、ここにも、和歌の引用と会話の引用との近さがうかがわれる。会話引用形式は、『竹取物語』で見たのにはみ出る点はないが、発話動詞を

用いない場合が多くみられるのは、『土佐日記』が漢文訓読的な要素が強いといっても、『竹取物語』にくらべると、和歌の引用ともあいまって、まだ、日本語文的な要素が強いことのあらわれと解することができよう。しかしながら、やはり、双括形式も多く用いられ、発話動詞の形式は「いふやう」よりも「いはく」の方が優勢であるのは、漢文訓読の影響下にあることをうかがわせる。

## 4　初期仮名文学作品における和歌散文連接形式

### 4-1　『土佐日記』の和歌引用形式

平安時代を通じての和歌散文連接形式の展開については、ふるく、井手至『遊文録　国語史篇一』第七篇第二章和歌散文連接形式の変遷（1995、和泉書院、初出は1956.12）に詳細な検討がある。そこで整理された和歌散文連接形式は、前文の形式としては、

（イ）～の歌、

（ロ）「よめる」等、連体形接続

（ハ）「～して」等、連用形接続

（ニ）「かけり。」「～なむありける。」「かくなむ。」等、終止形（いいさし分を含む）接続

の四種類、後文との関係については、

Ⓐ（歌）とよめりける返し。／（歌）といひたるを、引用の「と」で受ける形式

Ⓑ引用の「と」なしの形式（後文を欠くものも含む）で別文に続く、もしくは歌で終止する

の二種類が設定され、歌集、歌物語といった、和歌中心の和歌と散文との関係から、散文の独立への過程を散文の成長過程に合わせて和歌散文

連接形式の展開がみごとに描きだされている。

これを、初期仮名文学作品の会話引用形式に重ね合わせてみると、和歌で文が切れる形式は、漢文の会話引用形式と類同する形式であり、後文に続く形式は、日本語文的な形式（つまり、異文を包含するかたちで、引用助詞「と」と発話動詞とによって和歌を受ける形式）であるということになる。後文に続く形式の内、（ロ）Ⓐで前後に「よめり」（発話動詞相当）が、双括形式に相当することになり、（ハ）ⒶでⒶに「よむ」ないしそれに類する動詞がくる場合が、単括の後置形式ということになろう。

これに基づいて、『土佐日記』の和歌引用形式を見ると、次のようになる。

※整理にあたり、引用は、○印、続く形式、／印、切れる形式、ふたつの記号で挟まれた部分が和歌の初句、番号は歌番号という方法であらわす。

（イ）～の歌：2類5形式（29例）

Ⓑ歌で文が終わる（17例）

①歌で文が終わる（13例）

**よめるうた**○しもだにも／さて（19）

②「歌は」（2例）

あやしきうたひねりいだせり。**そのうたは**○きときては／これはやまひをすればよめるなるべし（50）

③歌で文が終わるが、指示語で受けて文が続く（2例）

**よめるうた**○けふなれど／**かくいひつつ**（36）

Ⓐ「と」で歌を受ける（12例）

④「と」で歌を受けるが、そこで文が終わる（2例）

**よめるうた**○おひかぜの○**と**ぞ（32）

⑤歌の後に発話動詞が来る（双括形式に準じる）（10例）

**よめるうた**○ゆくさきに○**と**ぞ**よめる**（8）

（ロ）「よめる」等、連体形接続：2類4形式（19例）

Ⓑ歌で文が終わる（10 例）

①歌で文が終わる（9 例）

あるひとの**よめる**○いそふりの／このうたは（22）

③歌で文が終わるが、指示語で受けて文が続く（1 例）

また**よめる**○かげみれば／**かくいふ**あひだに（21）

Ⓐ「と」で歌を受ける（9 例）

④「と」で歌を受けるが、そこで文が終わる（2 例）

**よめりける**○てるつきの○**と**や（10）

⑤双括形式（7 例）

**よめる**○わたつみの○**とぞよめる**（31）

(ハ)「〜して」等、連用形接続 「〜ば、」も含む：1 類 1 形式（3 例）

Ⓐ「と」で歌を受ける

⑥後置単括形式（3 例）

またあるときには○あるものと○と**いひ**ける（4）

(ニ)「かけり。」「〜なむありける。」「かくなむ。」等、終止形（いいさし分を含む）接続：2 類 3 形式（8 例）

Ⓑ歌で文が終わる（7 例）

⑦前置単括形式（4 例）

かく**ぞいへる**／いつしかと／いとおもひのほかなる（49）

⑦和歌独立形式（3 例）

このうたをひとりごとにしてやみぬ／おもひやる／かくて（11）

Ⓐ「と」で歌を受ける（1 例）

⑤双括形式（1 例）

ありけをむなわらは**なむ**このうたを**よめる**／まことにて○**とぞいへる**（15）

(その他)

歌が文中の語相当の要素となる（1 例）

故ありはらのなりひらの**中将の**○よのなかに○**といふうた**をよめる

ところなり（52）

井手も指摘するように、（イ）の引用形式は、『万葉集』にもみられる、漢土における漢詩賦の詞書（題詞）の記載法に倣った形式であり、いわば漢文の形式、会話引用でいうと「前置単括形式」に相当する。和歌集においては、『古今集』にもっとも多い形式であるが、『後撰集』以降、減少に転じる。いわば『古今集』に独特の形式である。また（ロ）の形式も、（イ）に通じて考えられ、やはり、『後撰集』以後、減少する傾向にあるが、その形式が『土佐日記』でも（イ）に次いで多い。そのような形式が、『古今集』の撰者の一人である貫之の『土佐日記』に特徴的にあらわれるのは、ある意味、当然のこととして受け止められよう。その意味で、『土佐日記』はのちの女流の日記文学とは一線が画されるという井手の指摘は正鵠を射たものである。その形式の中に（イ）③歌で文が終わるが、指示語で受けて文が続く形式や（イ・ロ）⑤歌の後に発話動詞が来る、いわば、双括形式ともいえる形式があることは、会話文引用の形式における双括形式の形成と通じて興味深い現象である。同じく漢文の形式である前置単括形式もあり、会話引用形式同様、さまざまの引用形式（和歌散文連接形式）が『土佐日記』にみとめられるのも、ある意味、ひとつの和漢混淆の現象が、『土佐日記』の文章形式にも顕著にあらわれていると言い換えることができるように思われる。そのひとつとして、（イ）⑤を含む双括形式を考えることができよう。一方でそれは、歌集の文章から展開した、『伊勢物語』にも散見される。そのあたりの事情を次に考えてみる。

## 4-2 『伊勢物語』の和歌引用形式

『伊勢物語』の和歌235首中、双括形式は次の15首がみとめられる。

去年を思ひいでて**よめる**、「――」と**よみて**、（第4段）

さて**よめる**、「――」と**よめり**ければ、（第5段）

**よめる**、「──」と**よめり**ければ、（第9段）

道より**いひやる**、「──」とて**やりたり**ければ、（第20段）

かかる歌をなむよみて、**物に書きつけける**、「──」と**よみおきて**、（第21段）

歌を**なむよみていだし**たりける。「──」と**いひいだし**たりければ、（第24段）

そこなる岩におよびの血して**書きつけける**、「──」と**かきて**、（第24段）

泣く泣く**よめる**、「──」と**よみて**、（第40段）

男、いといたう泣きて**よめる**、「──」と**よみて**やりて、（第69段）

**よみける**、「──」と**よみたり**けるを、（第77段）

人にみなよませはてて**よめる**、「──」となむ**よみける**は。（第81段）

馬の頭なりける人の**よめる**、「──」となむ**よみたり**ける。（第82段）

あるじ、次に**よむ**。「──」と**よめり**ければ、（第87段）

かのあるじの男**よむ**。「──」と**よみて**、（第87段）

歌をよみて**書きつけておこせたり**。「──」と**書きおきて**、（第96段）

手紙文の引用でもある、次の例もこれに加えることができる。

京に思ふ人に**いひやる**、「──（和歌）、……（手紙文）」となん**いひやり**ける。（第116段）

このほかに、指示語で文を続ける形式が1例あり、注意される。

夜のものまでおくりて**よめる**、「──」。**かくいひやり**ければ、「──」。（第16段）

『伊勢物語』の文章は、『古今集』の詞書に通じる面があり、（ロ）の形式で和歌を引用して文を閉じる形式が目立つ。一方で、物語的な章段では日本語的な、後置単括形式が多く用いられる。そもそも、『竹取物語』にしても、日本語散文の特徴のひとつに文の切れ続きがあいまいな面のあることがよく指摘される。二首以上の和歌がひとつの章段に用いられる場合、その形式はさまざまである。

女、「──」と**いへる**に、男、…「──」と**いへり**ければ、(第14段)

女、「──」と**よめり**ければ、男、返し、「──」と**よめり**けるは、(第19段)

かへりいりて、「──」と**いひて**ながめをり。「──」。この女…**いひおこせ**たる、「──」。返し、「──」。(第21段)

歌を**なむよみていだし**たりける。「──」と**いひいだし**たりければ、「──」と**いひて**、…女、「──」と**いひ**けれど、(第24段)

中には、21段のように、和歌が単独でおかれる場合もあり、第24段の和歌の前で文が終止するが、双括形式で文が続き、そこに単括形式が同居するというものもある。さすれば、異質な文を引用しつつ文を続けていく、多様な方法の一つとして、漢文訓読における会話引用形式の一つである双括形式が利用されたことは、いわば自然の成り行きであったと考えられるのである。それは、『古事記』においてみたように、指示語を使って同じ発話動詞によって文を続ける方法が多用される点と通じるものがある。その名残を、第16段の1例にみたいのである。

## まとめにかえて

以上、会話引用形式と和歌引用形式とは、漢文では同じ文型をとり、その漢文訓読から生じた双括形式が、和歌の引用にも援用され、ひとつの仮名書散文における和歌散文連接形式が成立したことをみてきた。『竹取物語』、『土佐日記』、『伊勢物語』とつらなる初期仮名文学作品において、漢文訓読で生じた会話引用形式、和歌引用形式が、徐々に「こなれた」いい方として、漢文訓読の影響の薄いとされる『伊勢物語』においても、ひとつの自然な方法として、双括形式の和歌引用形式が利用されていることを確認した。「いはく」を前置形式とする会話引用形式は、やがて「いふやう」を前置形式とするものにとってかわられ、和歌の双括形式もさまざまな変異形を生みながら定着して、和文としてなじんだ方法となる（たとえば、前置動詞は「いへり、いへる」のような、終止形もしくは連体形であらわれ、ク語法があらわれにくいのは、和文としてこなれた方法であるといえよう）。その背景として、本来、散文とは異質の和歌が、それを一文として独立させながら、散文の中に自然な形で連続してゆく、そのような文章法としての要請が強く働いたものと思われる。切れているようで続いている、続いているにもかかわらず、そこに段差がある、そのような日本語文の特徴が、元来、漢文訓読から生じた方法である「双括形式」を日本語文の中に定着させてゆく「親和性」としてあったのではなかったか。以上のように考えてみた次第である。

和歌の引用動詞に「いふ」を用いることや、『伊勢物語』において、和歌を書いた手紙のやり取りに「かきてやる」は特殊な場面でしかあらわれず、もっぱら「いひやる」が用いられることなど、会話文引用形式と同じ方法による和歌の引用にあたっては、まだまだ考えなければならない点が多い。それはまた、これからの課題である。なお、先行拙論と同様、参考文献はすべて文中に示す方法をとったことをおことわりしておく。また、本稿は、東西学術研究所言語交渉班での研究成果であるとともに、科学研究費（C）（2020～2022年度、研究代表：佐野宏）、同2021～2023年度、研究代表：乾善彦）の研究成果の一部を含むことも申し添えておく。

※資料の引用については、以下のテキストを基本として、わたくしに校訂を加え、表記もわたくしに改めた本文を使用した。『古事記』＝西宮一民『古事記修訂版』（1973初版、2000修訂版初版）／『日本書紀』＝小島憲之ほか『新編日本文学全集　日本書紀』（1994～1998、小学館）／『竹取物語』＝阪倉篤義『竹取物語』（岩波文庫、1970）／『土佐日記』＝鈴木知太郎『日本古典文学大系　土佐日記』（1957、岩波書店）／『伊勢物語』＝大津有一ほか『日本古典文学大系　伊勢物語』（1957、岩波書店）。また、引用に際しては、『古事記』は頁数と行数（歌謡は歌謡番号）を、『日本書紀』は巻名、年次（歌謡は歌謡番号）を、『竹取物語』は頁数、歌番号を、『土佐日記』は頁数、歌番号を、『伊勢物語』は章段番号を示した。

# 『生意襍話』における北京官話の特徴

奥　村　佳代子

## 1　『生意襍話』について

『生意襍話』は、御幡雅文（1859-1912）によって上海の日清貿易研究所時代に編纂されたものであり、個別の商売と、商業上起こり得る問題をめぐって展開される複数の人物による会話から構成されている。

御幡雅文の経歴は、六角 1997、鱒澤 2000、鱒澤 2001、木山 2014、石田 2019 等の先行研究によると、安政 6（1859）年に長崎に生まれ、明治 4（1871）年に上京し外国語学校で長崎の唐通事出身の鄭永寧や呉来安から中国語を教わった[1)]。外国語学校卒業後明治 12（1879）年に陸軍省留学生としての 4 年間の北京留学を経て熊本で中国語や中国事情を教えた後、明治 22 年熊本での教え子であった荒尾精（1859-1896）とともに上海に渡り日清貿易研究所を設立し、その経営と人材育成に尽力した。明治 30（1897）年台湾総督府に任官し、明治 31 年三井物産に入社し上海支店での勤務期間は北京語と上海語を教え、また東亜同文書院で教鞭

1）何盛三著『北京官話文法』（1928 年）の序に「外国語学校では日本最初の北京留学生中田敬義等が外務省により選抜されて出発したる歳、明治九年春、北京人薛之良が前教師浙江人葉松石に代って来り教師となるや、その四月新たに応募入学した二十余名の学生より初めて北京官話の教授を開始し、従来の南京語の学生も大半北京語に移った、残りたる少数者の為めに南京語は北京語科に並立して居たが、明治十四年に至って之を廃し、専ら北京官話のみを教うることとなった。」とあり、御幡雅文在籍中の外国語学校はちょうど唐通事以来の南京官話から北京官話への移行期にあり、南京官話と北京官話のどちらも学んだ可能性もあると考えられる。

をとった[2)]。

この経歴から推測するに、御幡雅文は最初は長崎の唐通事風の中国語教育を受けていたかもしれない。ただし、早い段階で北京留学や上海駐在を経験し現地の同時代の中国人が用いた中国語に触れることとなった。御幡雅文の中国語は中国本土での北京官話や上海語の学習、使用経験を経て、商業的な場面で用いられることも多い、実用的なものであったと推察される。

『生意襍話』は、その書名からも商業での様々な場面で交わされるやりとりを集めたものであることが示されているが、会話文を通して清国の商売事情全般が学べるようになっており、少なくとも活字化されたもの1種類、写本2種類が残されている。それぞれの所蔵先ごとの書誌情報は以下のとおりである。

**表1 「筆者が確認した3種類の『生意襍話』」**

| 所蔵 | 関西大学総合図書館増田渉文庫所蔵 | 関西大学鱒澤文庫所蔵 | 北九州市立図書館所蔵 |
|---|---|---|---|
| 題名 | 『生意襍話』 | 『生意襍話』 | 日清貿易研究所教科書『生意雑話』 |
| 目録 | あり | なし | あり<br>目録には『生意襍話』とある。 |
| 形態 | 活字本 | 写本 | 写本 |
| 装丁 | 和綴本 | 和綴本 | 和綴本 |
| 序文 | 光緒壬辰（明治25(1892)年）小陽月　長白桂林序 | 序なし | 光緒壬辰（明治25(1892)年）小陽月　長白桂林序 |
| 刊記 | 刊記なし | | |
| 著者 | 大清　長白　桂林<br>大日本　鶴江　御幡雅文 | | 大清　長白　桂林<br>大日本　鶴江　御幡雅文 |

2）上記先行研究に加え、東亜同文会編『対支那回顧録』下巻（原書房、昭和43（1968）年）列伝231から232頁に依る。

| | | | |
|---|---|---|---|
| 写した人 | | 教師　橋口吉之助<br>筆記　長田真弥 | 香月梅外 |
| 写した日付 | | 「明治 29（1896）年 3 月 4 日午後 7 時 24 分都写完了」 | 「昭和 15（1940）年 2 月 22 日抄写終」 |
| 内容 | 第 1 篇から第 60 篇 | 第 1 篇から第 33 篇 | 第 1 篇から第 100 篇 |
| 篇数 | あり | あり | あり |
| 篇名 | あり | あり | あり |
| 4 字句 | あり | なし | あり |
| 注釈 | あり | なし | あり |

表 1 に示したように、内容がもっとも充実しているものは、北九州市立図書館所蔵本（以下北九本と呼ぶ）である。また、書かれた時期が明記されているものは、序文から 4 年後に書き写された関西大学鱒澤文庫所蔵本（以下鱒澤本と呼ぶ）の 1896 年と、序文から 48 年後に書き写された北九本である。関西大学総合図書館増田渉文庫所蔵本（以下増田本と呼ぶ）である活字本は、目録には第 1 篇から第 100 篇まで記載されているが実際には第 60 篇までの和綴本であり、奥付きがないため、刊行年も 60 篇までしかない理由もともに不明である。

増田本（活字本）と北九本には共著者である長白の桂林による次の序文がある。

序

管仲以富國名陶朱以理財顯古今豔稱之然祇論其經營之大道耳至於百貨之辨識品類之高下從來有著之簡篇者蓋此中秘奥俱有專門不躬親閲歴斷不能知非吝而不傳也　御幡揮肅君為研究所諸生力籌有用之學思得一各業名目交易問答之書商之於余々世事尚務無所知於商務何有乃請效筆述之勞議用尺牘為題鋪述種々其物名語意悉　揮君主之間或小獻蒭蕘稍補萬一不過道聽途説自亦未敢為信凡五閲月共集百篇排印應需名曰商業雜話嘗謂學友云諸君之讀是書者取揮君之長而舍予之短可也尤望他人之見是書者格外諒之

光緒壬辰小陽月　　　長白　　桂林

この序文は光緒壬辰すなわち光緒18年（明治25（1892）年）に書かれ、それによると御幡雅文が日清貿易研究所で学ぶ学生たちのために、清国における商売上の諸事を学ぶための100篇を集めたと明言されている。また、序文が1892年に書かれているということは、100篇の会話はおそらくそれ以前に書かれたということになる。会話には具体的な日時に言及された場面は登場しないが、ひとまず1892年以前のそう遠く離れてはいない時代の中国語であると考えることにする[3)]。

また、これら3種類の『生意襍話』はそれぞれ分量は異なるものの、篇名、順番ともに一致しており、同じ場面の同じ会話が展開されているが、用字に僅かな違いが見られる。写本で容易に起こり得るくずされた書き方による違いは多く見られるが、とりわけ顕著な点は、方位詞の“li”の表記である。増田本（活字本）と鱒澤本は“裏”が用いられているが、北九本は例外なく“裡”が用いられている。中国語史の観点から言えば、“裏”の普及がより古く、“裡”の普及がより新しいが、現代中国語の規範的な方位詞“里”に統一されるまでは、同じ文献の中で両者が混在して用いられていることはごく一般的であったようである。中国の文献に限らず、19世紀末から20世紀初頭にかけて中国に駐在した深澤暹編著『北京官話全編』も“裏”“裡”のいずれも使用されている。いっぽう教科書として編纂されたものに目を向ければ、御幡雅文の『増補

3）第98篇の会話にその時代を反映している可能性のある内容が含まれているのではないかと憶測させるやりとりがある。

我們還有一件事要請教。什麼事呢？　貴國三井洋行，在上海的總辨是那一位？　從前是姓上田的，現在他回國了，接手是一位姓小的，二位打听他做什麼？

三井洋行は、三井物産上海支店であり、上田安三郎が上海支店預り支配人となったのは明治13（1880）年3月である。木山2000に基づくと、会話の「從前是姓上田的」とは上田安三郎を指すのだろう。明治26年の責任者は小室三吉であった。「姓小的」は小室三吉であると考えれば、会話の内容は1890年前後ということになり、序文の書かれた時期や御幡雅文、北九本を写した香月梅外の日清貿易研究所在籍時期とも合う。なお、山藤2009によると、御幡雅文が三井物産に入社したのは明治31（1898）年である。

華語跬歩』『滬語便商』はいずれも“裡”に統一されている[4)]。

序文で100篇と明言されていることと、文字の違いは見られるものの同じ内容で構成されていることから、書写された時期こそ遅くはあるが、本論は100篇を収めている北九本に基づいて報告を進めていく。なお、北九本の表題は『生意雑話』であるが『生意襍話』と表記する。

北九本についてもう少し詳しく見ておくと、最終頁に「昭和十五年二月二十二日抄寫終　香月梅外」とあり、写し終わった日付と写した人物の名前が記されている。

香月梅外は明治8（1875）年に福岡県の名士香月恕経の次男として生まれ、明治23（1890）年（当時16歳）に上海の日清貿易研究所に入学し明治26（1893）年6月に卒業後も上海に残り貿易の実務に携わっていたが、日清戦争に従軍することとなり商業からは遠ざかるも、その後北京での開業を目指し、上海の大東新利洋行、帰郷、中国産竹の日本への輸出業に携わり、明治44（1911）年から大正10（1921）年まで上海、長沙に在住し商業に従事した後、昭和6（1931）年に至るまで輸入事業に関係し中国を頻繁に訪れた。昭和7（1932）年からは東京で、昭和13（1938）年からは福岡に帰り中国語を教授した[5)]。

香月梅外が『生意襍話』を写したのは、中国での商業活動と貿易を終え、福岡に帰郷していた期間のことであった。北九本は、十分に中国での商業事情を経験し中国語の知識や運用能力のある人物によって書き写された『生意襍話』であると言える。

『生意襍話』で取り上げられている場面は、次の100場面である。

---

4)『増補華語跬歩』は関西大学アジア・オープン・リサーチセンター（KU-ORCAS）のアーカイブで公開されている大正9（1920）年に文求堂より出版された本を、『滬語便商』もKU-ORCASの明治25年の序文が付された本を参照した。

5) 東亜同文会編『続対支回顧録』下巻（原書房、昭和48（1973）年、復刻原本は昭和16（1941）年刊）列伝407頁から413頁に依る。

表2 「『生意襍話』目録[6]」

| | | | |
|---|---|---|---|
| 1 金店 周范問答 | 2 珠寶店 藩王聚珍 | 3 錢莊 中外論錢 | 4 翠毛店 翠分道地 |
| 5 象牙店 販賣象歯 | 6 古玩店 鉴別古器 | 7 眼鏡店 靉靆笑話 | 8 銀行 借款艱難 |
| 9 茶葉店 茶分地道 | 10 水菓店 菓分南北 | 11 蜜餞店 蜜菓餞友 | 12 猪行 販鬻剛鬣 |
| 13 鮮魚行 魚鼈蝦蠏 | 14 笋行 竹孫用廣 | 15 蜜行 蜜分南北 | 16 水旱菸行 菸興今昔 |
| 17 雞鴨行 雞鶩充饌 | 18 醃臘行 風脯致遠 | 19 油房 油分葷素 | 20 酒行 酒分黄白 |
| 21 荳行 米荳殊量 | 22 米行 米分地道 | 23 糕餅店 刊刻門票 | 24 糖行 薦引糖業 |
| 25 醬園 醬菜多種 | 26 人參店 參分東麗 | 27 竹行 龍孫廣用 | 28 花樹店 植物生涯 |
| 29 藥材行 南北互易 | 30 木行 儲材待用 | 31 磁器店 購磁陳設 | 32 桐油行 桐油滯銷 |
| 33 木器店 租賃傢具 | 34 染坊 目迷五色 | 35 靛青行 靛圃生涯 | 36 錫器店 杭工製錫 |
| 37 煙筒店 烟雲吹嘘 | 38 錫箔店 紙錠祭鬼 | 39 煤炭行 價重烏金 | 40 磚瓦行 燒造磚瓦 |
| 41 蓆枕店 枕簟生凉 | 42 香店 香燭供神 | 43 缸罈店 請君入甕 | 44 冶房 陶鎔金鐵 |
| 45 漆店 漆器需料 | 46 竹器店 竹器名繁 | 47 箱子店 篋笥宜固 | 48 毯子店 毯分今昔 |
| 49 梳篦店 售櫛資生 | 50 雨傘店 傘分兩種 | 51 香粉店 脂粉香奩 | 52 銅器店 銅分生熟 |
| 53 石灰行 灰窑滋事 | 54 蠟燭店 燭分葷素 | 55 筆店 毛穎可傳 | 56 書坊 斯文交易 |
| 57 墨店 翰墨流香 | 58 碑帖店 刻石著名 | 59 硯店 端方堅硬 | 60 扇子店 袪暑生凉 |
| 61 紙行 文房必需 | 62 顏料行 繪事儲色 | 63 首飾店 珠鑽翠珥 | 64 帽子店 凉暖官帽 |
| 65 釘鞋店 雨具益備 | 66 鞋靴店 平步康衢 | 67 帽緯店 硃絲製纓 | 68 貢帶店 絲帶入貢 |
| 69 衣莊 服以章身 | 70 襪店 縫紉足袋 | 71 戲衣店 菊部衣装 | 72 氈帽店 黑猴馳譽 |
| 73 棉布莊 紡棉織布 | 74 瞅莊 綢類最夥 | 75 紅頭繩店 頭繩異製 | 76 夏布莊 絺綌却熱 |
| 77 絲行 絲為鉅利 | 78 緞莊 機房重整 | 79 棉花行 三冬禦寒 | 80 顧繡莊 巧奪天工 |
| 81 麻行 桑麻厚利 | 82 棉綢店 中州土絲 | 83 線店 成衣必需 | 84 洋貨店 違約涉訟 |
| 85 廣貨店 索欠口角 | 86 北貨行 集細成鉅 | 87 皮貨行 販鬻裘服 | 88 京貨店 南北兩京 |
| 89 南貨店 南北交易 | 90 山貨行 柱石成材 | 91 海貨行 海味可珍 | 92 雜貨行 雜物便用 |
| 93 典當行 贖當轇轕 | 94 出店舞弊 | 95 被竊報官 | 96 存款難付 |
| 97 延不起貨 | 98 議購海帶 | 99 貨架未清 | 100 乘桴浮海 |

表2に示したように、第1篇から第93篇までは個別の商売の名称が掲げられ、個々の店舗や業種における商品や製品に関する会話であり、その内容を端的にまとめた四字句が付されており、第94篇から第100篇までは商業上の問題を扱った会話である。

6）第94篇から第100篇までは店名や業種名の表示はない。

# 2 『生意襍話』の語彙

『生意襍話』の中国語の種類について、鱒澤 2001 は「北京官話商業会話書としても明治 25 年 9 月桂林序『生意襍話』を刊行している。」と述べ、石田 2019 は「書名に「日清貿易研究所教科書」と明記されている②『生意雑話』はビジネス会話集である。…地名「前門外西河沿」や方言「昨兒」があるように、これは北京語の教材である。」と述べており、北京官話あるいは北京語による会話書であることが指摘されているが、語彙の特徴の指摘については一部にとどまっているため、本論では太田 1969 による清代北京語の七大特点とどの程度一致するかを示し、北京官話あるいは北京語であることを語彙と語法の面から確認しておきたい[7]。

## 2-1 “偺們”の使用

一人称複数形は“我們”“偺們”のいずれも使用されている。

“我們”の一例を以下に挙げる。

比如有人託你們鋪子打首飾，也可以麼？　那是我們的買賣，價銭比別處分外的公道。（1）

您從那兒來？　我們是喀剌沁王府的。（2）

你們要是放心，此時就打發夥計，拿着東西和我一塊兒去，王爺等着瞧呢。这話説遠了，王爺照顧我們不是一年了，您來也不止一次了，有什麼不放心呢。（2）

我從家鄉帶了幾十方端石料子來，你們若是要，明天到會館去看々很好。明天我們去，順便就把墨海墨盒字給您帶去。（59）

---

7）以下に挙げる『生意襍話』からの引用文には、北九本に付されている区切りを参考に「,」「、」「。」「？」などの符号を付した。文字は基本的に北九本の文字遣いを取り入れている。また、引用の後の（　）内の数字は第何篇からの引用であるかを示している。

那麼一両天内請您發貨到我們那児吧。（74）

我們这児就是發莊，敝東就是南京人，在江寧開着兩處機房，貨物全是自織運京發售的这方便極了。南边的織房是頂興旺的麼？（78）

上に挙げた“我們”は、相手を排除していると言えるだろう。

“偺們”は以下のように使用されている。

蘭花、木樨、茉莉、夜來香、晩香玉、玉簪花児、秋海棠、冬天的茶花、臘梅、迎春，在偺們北辺児都是盆景児（28）

那麼都包好了，給我的底下人帶囘去，偺們先把賬算清了。是々。（37）

您不信，偺們一同去瞧。可以。（66）

また、“咱們”もある。

是呀，我整是个傻子，老哥要是不提，簡直的想不到这手児。 那庅咱們一塊児去吧。（41）

啊，外國人買中國絲就是圖賤麼？　不錯，外國的絲精，價児貴，所以買中國的便宜絲去，攙和着用。 在咱們这児，織紬緞也用粗絲，行的了麼？（77）

咱們商量，你多匀對点児行不行。怎庅呢，你們急用庅？（81）

子和，你这个人實在不懂交情，咱們交了这些年的買賣，總没錯過賬目，怎麼如今為这麼點子小事，逼迫起我來，这是什麼道理呢？（85）

上に挙げた“偺們”“咱們”は、相手も包括していると言えるだろう。

以下の例は、排除型の“我們”と包括型の“偺們”との区別がより顕著であると言える。

油在那児存着呢？　在我們住的客棧裡呢。走，偺們一同去看々。 可以可以。（32）

ただ、区別せずに用いられているものもある。以下の“我們”は、包括型を用いても良いと考えられる。

你們怎庅这庅不懂交情啊。怎庅了您纳。因為我們素常相好，所以我特意隔着關児過来，怎庅把这分頭面的翠給点壞了，叫上頭説我辦事不週。（4）

可是我这靴子也快壞了、打算求您同我到釘鞋店瞧一雙可以、我們这會児

就去吧。(65)

據別人講究，説是我們中國的絲又粗有不乾净，故此西洋人不大愛買了。有这个緣故麼？　这也有个道理，就比方我們中國的蠶絲，原不是竟靠着出口的。(77)

また、以下の“偺們”は、排除型を用いても良いと考えられる。

二位老爺請坐，是要看鞋靴麼，偺們这兒方尖朝靴、夔雲戰靴、狼皮煖靴，各式時款名鞋俱全。

## 2-2　介詞“給”の用法

“給”は動詞としても「動詞＋“給”」(例えば、何妨大概説給我們听一听呢？(55))としても用いられ、また受益者を導く介詞として用いられている。介詞として用いられている“給”の一例を挙げる[8)]。

何妨大概説給我們听一听呢。(55)

明天我們去，順便就把墨海墨盒字給您帶去。(59)

請挑定了，我們再給您包好。(72)

受益者を導く介詞としては“給”の使用がより多いが、“替”も用いられている。

是糊塗了，那是我替宅門子拿的。(13)

那麼明天我就替你刻去吧。(23)

那个門票，我已経到一个熟舖子裡去，替您刻去了。(24)

一切粧奩的事情都託我替他辦。(63)

使用回数の多さから判断して、『生意襍話』において代表的な受益者を導く介詞は“給”である[9)]。

---

8) ここでは、「主語＋“給”＋名詞＋動詞」の動詞が主語の述語となる例のみを挙げている。

9) なお、“把”は、目的語を述語の前に持ってくる介詞としての働きか、量詞としての働きのみであり、“給”の意味では用いられていない。御幡雅文はごく初期の中国語学習時には、唐通事風の中国語を学んだ可能性があり、その中で受益者を導く“把”に触

## 2-3　助詞“來着”

回想を表す“來着”は用いられておらず、“來着”という文字の組み合わせ自体が用いられていない。

## 2-4　語気助詞“呢”の使用

語気助詞の“呢”は、次のように用いられている。

### 2-4-1　平叙文につく“呢”

啊，这可巧了，昨児有一ヶ朋友，正託我打听金子的行市呢。(1)

王爺等着瞧呢。(2)

“等着”という語の後で用いられており、待っているという状態の持続を示す文の語気助詞として用いられている。

是了，敢情有这麼些ヶ累贅呢。(3)

这是另一种翠鳥，纔可以用得呢。(4)

早茶剛到，晚茶還没信児呢。(9)

要説起酒來，話也長着的呢。(20)

那児還多着的呢。(29)

文の途中のポーズの位置におき、「～については」という意味を表す例もある。

新的呢，拿了去怕王爺瞧不上，老的呢，價錢太貴，至於紅貨，盤子更大了。(2)

疑問文に用いられる“呢”には、名詞の直後につく省略疑問文、疑問詞と組み合わされた疑問文、反復疑問文、選択疑問文がある。

---

れた可能性もあると考えられるが、『生意襍話』にはその影響は見られないということを示す一例となるだろう。

### 2-4-2　名詞＋“呢”

『生意襍話』における“呢”の使用法でもっとも多いタイプである。

北京呢？　北京是这麼着。（3）

### 2-4-3　疑問詞＋“呢”

怎庅呢？（1）

那様児最好呢？（1）

是什麼様児的呢？（2）

有什麼不放心呢？（2）

### 2-4-4　反復疑問文

彀不彀呢？（62）

您中意不中意呢？（89）

### 2-4-5　選択疑問文

還是論斤算呢，是論件頭算呢？（5）

您是自各児家裡用呢，還是往外捎呢？（11）

要五彩的、還是要青花的呢（31）

是榮任呢，還是訪親友呢？（61）

这本錢也就不小，還是獨力呢，是集股呢？（100）

“呢”は各選択肢の後にそれぞれ置かれ、“還是”の位置は、最初の選択肢の前の場合もあれば、後の選択肢の前の場合もある。

また、最初の選択肢の後に“呢”ではなく“麼”が置かれた例もある。

請問是單販書畫紙麼，還是連雜紙一齊販呢？（61）

### 2-4-6　反語

怎麼不分呢？（4）

中秋正是我们水菓行的節，怎麼不忙呢？（10）

那我那児猜得着呢？（35）
那児的話呢？（98）
　状態を表す“呢”が用いられ、さらに続けて文末に“麼”を伴う疑問文もある。
在这児擱着呢麼？（6）
你們管事的東洋掌櫃的在舗子裡呢麼？（94）
出店在家裡呢麼？（94）
　また、“呢”に置き換え可能な“哪”も用いられている。
平叙文につく“哪”
啊，敢情这庅難哪。（1）
嚯，敢情这児有点児绵哪。（7）
到我们这児貴的很哪。（14）
你这个買賣想得很新鮮，從來点心舗，還没有南北合賣的哪。（23）
好的很哪。（38）
啊，是東四牌樓那大羊燭店哪。（54）
照这樣説，您的包児還差着一半児哪。（71）
行，也算是個可觀的買賣哪。（82）
要想發財，還得另外生新鮮的生意纔行哪。（88）
是々我想起來了，您不是在前門外大柵欄児開南貨店哪。（89）
你們行裡有狗没有？　養活着両條大洋狗哪。（95）
啊、東西不少哪。（95）
疑問詞＋“哪”
不錯，我是住在西山裡，您怎庅會猜着了哪？（90）
選択疑問文
做什庅，是要回贖啊，還是要入利錢哪？（93）

『生意襍話』では“呢”はほぼ毎篇で用いられている。なお、“哩”は用いられておらず、語気助詞に南方の要素は見られないと言える。

## 2-5　禁止を示す“別”の使用

禁止を表す際には“別”が用いられている。

您別吧他看軽了。（75）

就用这些話，一字也別落下。（99）

你別吵翻。（12）

別頑笑。（13）

您先別抱怨。（16）

可別謊價児呀。（52）

禁止の意味に解釈できる“不要”は一箇所あるが（只是不要厭煩。（98））、その他の“不要”はすべて“要”を動詞として用い「いらない」という意味であり、禁止は“別”で表現されていると言える。

## 2-6　程度副詞“很”の使用

“很”+形容詞は『生意襍話』に最もよく見られる程度を示す形式である。

貴國的銀錢南北很不一樣広？　是，很不一樣。（3）

很穀用的了。（45）

自然的，就比方京襪是短鞠很緊很窄的。（70）

看您很面善。（89）

単純な形容詞の前につくほか、次のような例が見られる。

很可観了。（39）“很”＋“可”＋動詞

我們很願意請那位老爺來。（44）敝荘很願意交往。（69）“很”＋動詞

很下得去。（46）“很”＋動詞＋補語

很可以留那些錢刻海國圖志、瀛寰志略、萬國公法、四裔年表和一切有裨時務的零碎書，倒有利益。（56）“很”＋助動詞

哈々、这位掌櫃的很會説話。（59）“很”＋助動詞

这個兄弟也不很知道詳細，叫敝友自各児説吧。（67）“很”＋動詞

打这个很費工夫吧。(68) “很”+動詞

否定形には部分否定と全否定のいずれもある。

銀爐算是細活用人也不很多，鐵爐那是得好些个人。(44)

平常不大很用。(51)

这个買賣我不大很明白，什麼叫打作呢。(52)

因為看見石印書局印的那个廿四史很不見好。(56)

我很不放心。(81)

听出的土絲每年很不少。(82)

“很”は程度補語としても用いられている。

这両支翡翠烟袋嘴児，實在好得很。(37)

好的很哪。(38)

那妥當的很了。(44)

因為这些日子趕貢活，所以忙得很。(68)

可不是麼，近來生意忙得很。(76)

貴莊的生意近來熱鬧得很。(80)

好得很。(83)

このように、“很”は多用されている。

## 2-7　形容詞+“多了”

“比”を伴った形式の中で用いられている場合もあれば、“比”を伴わない場合もある。

就差多了。(1)

比東参薄多了。(26)

那个賃價省多了。(33)

我同着您到蓆枕店裡，買一副凉蓆凉枕兒，晚間鋪上，就爽快多了。(41)

論工夫可差多了。(78)

以上の1から7で詳しく見てきたように、太田1969の北京語の7特徴に照らすと、“來着”が使用されていない点以外はすべてその特徴に合致している。

次に、太田1964で北京語の文法特点として指摘されている語法のうち、7特徴以外の点について『生意襍話』における使用状況を確認する。

（1）接尾辞は“～児”“～子”ともに見られるが、量的には“～児”の方が上回っている。具体例は本論の最後に付した

（2）“您”は多用されているが、“您納”も2箇所で用いられている。

客人來了。來了您納。（12）

这還瞞的了您納聖明麼（15）

（3）“自各児”が用いられている。

您是自各児家裡用呢，還是往外捎呢？（11）

按着季児卸，也駝在自各児廠子裡零賣。（13）

天下通行就是这三様児，至於各省自各児用的。（19）

可是貴舗子是自各児安烘爐麼？（24）

就是在我們使喚的人自各児小心了。（37）

在南辺也有自各児家裡揑的。（38）

你自各児不會買去麼？（47）

那広你自各児料理去吧。（53）

这個兄弟也不很知道詳細，叫敝友自各児説吧。（67）

这襪子都是你們自各児做的広（70）

要是我們用機器自各児織起來，豈不是絕了他們吃飯的道路麼？（73）

都是您親自各児田裡種的麼？（79）

一切用項，都得自各児先墊辦。（80）

難道是我記錯了不成，我自各児的衣裳，我不認得麼？（93）

（4）“多偺”“多咱”“多喒”が用いられている。

您多偺到的？（34）

不知道多喒新貨纔能到。（62）

多咱拿來？（81）

我們已経等了三節了，你多偺纔是倒得開呢？（85）

（5）“这程子”が用いられている。

这程子総没見，想是生意熱鬧。（10）

所以这程子竟替他忙了。（63）

（6）“多麼”“那麼”が用いられている。

您瞧顔色児有多麼漂亮。（15）

您聞这ヶ气味，有多麼溫和，油性有多麼光潤。（26）

水陸舟車無論走多麼遠，管保一点児也磨不了。（64）

有那麼多麼？（93）

（7）“～些個”が用いられている。

这児擺着这些個怎麼様？（33）

（8）介詞“打”が用いられている。

客人都打那児販？（87）

您從那児來？　我是新打上海進京的。（73）

那些羊油是打那児來的。（54）

客人從那児来的？　我們是打四川販桐油白蠟來的。（32）

打这児養活到秋天、鵝也長大了[10]。（17）

（9）“敢情”が用いられている。

是了，敢情有这庅些个累贅呢。（3）

敢情这児有点児绵哪。（7）

（10）「すっかり、全然」という意味で“所”が用いられている。

洋銭所不用麼？（3）

所没精神。（6）

加上關税水脚所没準児了。（10）

哎，裡頭肐々渣々的所不乾淨，做出点心來，味児也不好。（15）

---

10）ここでは、“到秋天”と終点が時を表す語で示されているが、場所を示す“这児”が起点を示す語として用いられている点については検討の余地があると思われる。

旱烟潮烟兩様児所没人買。（16）

字號常々有假的，所靠不住。（37）

翻來覆去的所睡不着，故此白日裡覺着有点児困倦。（41）

以上、『生意襍話』は、北京官話や北京語に見られる語法が用いられ、南京官話や南方語で用いられる語法は見られない、ということを見てきた。

## 3 『生意襍話』の会話の場所と人々

『生意襍話』の中国語は北京官話もしくは北京語に見られる語法であると言えるが、その話し手たちはどのような人物であるかを見ていこう。会話の内容から、話されている場所や話し手の出身が特定できる場合がある。

次に挙げる例は、北京での会話であり、片方は北京で商売をしている人物であると見なすことができ、もう片方は北京以外の土地からやってきた人物である。

第5篇　雲南から来た象牙商との会話

客人從哪児來？　從雲南來。到这児有何貴幹？　有幾十斤象牙，寶舗要不要？　是那一路的？　我們是打越南辦來的。

第14篇　江蘇省からやって来た竹屋との会話

您贵省？　敝省是江蘇。您在那児恭喜。兄弟雖然有个小功名，却没當差，这囘是做買賣來的。請問貴行？　兄弟舍下有幾畝竹園子，靠着他吃飯，現在到京是販賣筍乾。好雅生意呀，您就是東南竹箭了。豈敢々々。

第59篇　広東省からやって来た硯商との会話

先生幾時到的？　上月底纔到。是下會場麼？　不錯。尊寓在那児？

在前門外肇慶會館。到敝舗子是看硯台麼？　我要用一个大墨海，両个大小墨盒子。是々，您請看这ヶ墨海怎麼樣？

第 73 篇　上海から布を買いにやって来た人物との会話

您從那兒來？　我是新打上海進京的。到小莊來，是要辦布疋麼？　也要買布，也有一件別的事要商量。啊，請問是什麼事呢？　我帶了一分小火輪機器，是織布用的，問々貴荘要不要？　这个雖然方便，但是我們用不着。

また、上海での会話という設定もある。

第 89 篇　上海で再会した北京の雑貨商と蘇州の雑貨商との会話

看您很面善，貴處是蘇州麼？　不錯，我在北京的時候兒也見過您。是々，我想起來了，您不是在前門外大柵欄兒開南貨店哪？　正是，这話説起來有好些年了，您到上海來，是有什麼貴幹呢？　我販了一点兒北辺的貨物要銷售。 您又説笑話兒了，食品，我們店裡不帶的。我也要請教，您所帶的北貨都是什麼呀？　这問的奇怪了，您既在北京作過生意，還不知道麼？　是呀，我一時繞住了。可是您從前在北京，買賣開的好々兒的，怎麼忽然收了呢？　那是因為一個敝友到廣東去做官，約我替他管賬，所以收了買賣，同他走了，在廣東幾年，他告病了，我也就回來，又在上海開这个小生意。啊，原來这樣，我明天到寶舗去拜望。不敢當，恭候降談。

第 91 篇　上海に商売に来た日本人と中国人との会話

您貴國是日本國麼？　不錯。到这兒有何貴幹？　是做買賣來了。貴生業是那一行？　是海貨行。啊，可是帶海帶公司麼？　不是，那是敝國的老買賣了，小行却是新近纔開設的。寶字號？　小字號是振興洋行。坐落在那兒？　在福建路。

第 98 篇　上海にいる日本人と中国人との会話

貴國三井洋行，在上海的總辦事那一位？　從前是姓上田的，現在他回國了，接手是一位姓小的，二位打听他做什麼？　不錯，那位姓小的也回去了，況且三井新改的章程，無論什麼事情都得和東京總行商量，就是姓小的在这兒，他一個人兒也不敢專主的。这就是了，那麼我們只好是等回信罷。

ここでは、会話の場所と会話する人々がどの土地の人間かが明確なものだけを取り上げ、『生意襍話』の会話の場所が北京に限られておらず、話す人々も北京の人に限られていないことを確認した。『生意襍話』では、会話の場所が北京、上海のいずれであっても、また、会話する人が北京、上海、雲南、広東等、北方南方を問わずどの土地の人であっても、同様の特徴を持つ中国語が話されている。つまり、『生意襍話』の中国語はより広く通用する中国語であるということが言えることから、一方言としての北京語というより北京官話が話されている、ということができるだろう。

## 4　まとめ

『生意襍話』の中国語は、北京官話の特徴を備えており、1890 年前後の北京官話あるいは北京語資料として位置付けられる。また、北京官話が北京の人だけが用いた中国語ではなく、商業の世界では広く用いられていたことが示されていると言えるだろう。

本論では、語法と話し手及び会話された場所から『生意襍話』という会話書が何を体現しているのかを見たが、話されている内容に目を向けると、中国でそれぞれの商売がどのような状態に置かれていたかが具体的に説明されており、商業の面から見た時事の知識が豊富に盛り込まれている。当時広く通用した中国語で商業上の諸事情を学ぶために、真剣に編纂された教科書であり、御幡雅文が商業における言葉をいかに重んじたかを現していると言えるだろう。

表3 「『生意襍話』の接尾辞“～児”と“～子”」

| | |
|---|---|
| 人称代詞 | 你們児 |
| 指示代詞 | 那児 哪児 这児 |
| 方位詞 | 裡邊児 北辺児 北面児 旁邊児 裡面児 |
| 名詞 | 今児 昨児 前児 大前児 明児 様児 珊瑚紀念児 烟壺児 管児 搬指兒 十<br>八子兒 扁方児 挑竿児 時候児 地方児 闕児 顔色児 天児 價児 本児 胎<br>児 花児 浮頭児 影児 材料児 扇把児 把児 烟盒児 様数児 尖児 聲児 眼<br>鏡児 蚌腿児 什庅様児 辺框児 玉児 眼眼児 近處児 字児 梁児 看來人児<br>信児 行頭児 大宗児 香味児 茉莉花児 歇枝児 種児 桃児 杏児 棗児 河<br>鮮児 口児 傢伙児 磁罐児 海棠菓児 炒紅菓児 蘋菓沙菓児脯 藕片児 四<br>方片児 餑々児 大塊児 玩意児 这會児 鄉下老児 罐児 手児 賬單児 小猪<br>児 吃食児 道児 臕頭児 毛児 櫃房児 蝦仁児 岔児 一半児 臉児 味児 小<br>鷄児 汁水児 蜜頭児 花蕊児 蘭花子児 娘児們 香花児 滋味児 年紀児 烟<br>捲児 鴨子房児 窩児 小鵝黄児 當児 馬児 爪尖児 東價児 俗名児 熱河児<br>線児 大磨児 小磨児 荳餅児 油菜子児 棉花子児 小鏂児総名児 頭児 乾<br>搾児 用處児 料豆児 色児 棗泥蝠児 塔児糖 塊児糖 七家児 醤小菜児 醤<br>瓜児 拐棍児 俗語児 猴児筋 天々児 盆景児 聴児 棺材料児 擺設児 棹児<br>茶盤児 盖碗児 盆児 硯水壺児 痰盂児 折斗児 三截盒児 盖缸児 吉祥話<br>児 件児 花瓶口児 底児 盤子毛了邊児 𡯏児 茶盅口児 没主児 箱厨児 八<br>仙棹児 連三抽屜棹児 天平棹児 茶几兒 杌櫈児 骨牌登兒 到地児 正色児<br>工夫児 靛片児 靛球児 錫頭児 大臘簽児 蓮花五供托児 大茶盤児 小茶盤<br>児 茶葉罐児 火鍋水墩児 烟袋嘴児 鍋児 四方塊児 季児 煤頭児 碎塊児<br>煤球児 人家児 沙板児 貓児 現成児 臉児 涼枕兒 涼蓆児 獨睡児 細蓆雙<br>合児 扣鈕襻児 繡花頂児 炭几児上 香末児 細條児 黄纸錢児 月児 説笑<br>話児 信児 小桶児 縐紋児 桶底児 高装児 材料児 澆裹児 齒児 竹節児<br>家児 錠児粉 罐児 香球児 香串児 香木佩帶児 藤把児 邊児 各處児 綠邊<br>児 本児 什件児 小燈孅児 吉祥話児 数児 盖児 蓋児 扇把児 彎頭児 什<br>麼様児 様数児 黒面児 扇児 春對児 畫児 扁方児 花様児 帽児 背面児<br>聲児 柱跟児 價碼児 鬧笑話児 單樑児 雙樑児 蝴蝶児 拈線繩児 朝珠紀<br>念児 縫襪幫児 納襪底児 專門児 玻璃鏡児 包児 黒猴児 門口児 記號児<br>片金邊児 辺児 氈帽頭児 氈毛頭児 對児布 本色児布 乾絲児 大賺児 夏<br>景児 暑熱年頭児 門口児 賬單児 花頭児 畫々児 汗褟児 大衫児 珠児線<br>頭緒児 人々児 棗児 個児 柿餅児 杏仁児 毛児 狐腿児 干尖兒 爪仁児<br>馬褂児 皮袍箭児 蒜瓣児 小毛児 趣児 價本児 大柵欄児 俗語児 打雜児<br>票児 月份児 件数児 老頭児 圖章説帖児 聲児 面児 事児 本児 縱児 |
| 副詞 | 一點児 些児 一塊児 明々児的 一点児半点児 様々児 故意児的 起頭児<br>早々児 随便児 自各児用的 處々児 到處児 照様児 就手児 漸々児 家家<br>児 一齊児 |
| 数詞 | 十児 |
| 量詞 | 幾様児 大些児 用点児 便宜点児 小點児 些児 一對児 一分児 一所児房<br>子 雙辺児 个个児 竹對聯牌児 會児 一撥児 一套児 高點児 一点児 両管<br>児 一面児 这會児 一會児 一溜児 |
| 疑問詞 | 多児錢 |

| | |
|---|---|
| 動詞 | 取笑児 頑児 翻過児 |
| 形容詞 | 不多児 差不多児 勤々児 差不多児 不遠児 好々児的 明々児的 |
| その他 | 没準児 一裏腦児腦児算 三天両頭児 |
| 名詞 | 金子 牌子 鋪子 銀子 身子 鈎子 別子 十八子兒 鐲子 碧洗墜子 盤子 票子 錁子 翎子 様子 扇骨子 筷子 盒子 宅門子 米子 光子 鏡子 口子 法子 这程子 菓子 橘子 李子 柿子 栗子 筐子 大罎子 奶子 奶餅子 牛肚子 日子 竹園子 錠子 葉子 名子 蘭花子児 鴨子 小雞子 油雞秧子 飯莊子 腿子 簽子 油渣子 荳子 油菜子児 棉花子 麥子 粉條子 餡子 稲子 稜子 底子 粽子 槽子糕 茄子 園子 竹子 料子 房子 附子 五味子 廠子 木廠子 木障子 段子 棹子 碟子 皮子 点子 櫃子 椅子 小園子 花園子 菓園子 靛汁子 小舗子 大舗子 紙錁子 戲班子 爐子 單子 君子 儍子 藤子 神馬子 泑子 籃子 箱子 皮箱子 屜子 套子 毯子 條子 虫子 篦子 瓤子 香麪子 香餅子 藤骨子 竹骨子 模子 馱子 小河溝子 坨子 匣子 石料子 扇子 鈎子 骨子 肚子 耳挖子 球子 鑷子 帽子 靴子 皮靴子 裏子 膀子 纓子 帶子 絛子 辮子 穗子 轎子 裙子 案子 襪子 鞦子 大莊子 綢子 裡子 緞子 驢馱子 小児子 児子 褲子 箭子 褂子 青狐頦子 灰鼠脊子 摺子 |
| 量詞 | 把子 一下子 |

**【参考文献】**


何盛三 1928『北京官話文法』太平洋書房。『北京官話文法』(東学社、1935 年) を参照。

東亜同文会編 1968『対支那回顧録』下巻、原書房。

太田辰夫 1964「北京語の文法特点」『久重福三郎先生坂本一郎先生還暦記念中国研究』。『中国語文論集語学篇元雑劇篇』(汲古書院、1995 年) 243-265 頁を参照。

太田辰夫 1969「近代漢語」『中国語学新辞典』光生館。

東亜同文会編 1973『続対支回顧録』下巻、原書房 (復刻原本は昭和 16 (1941) 年刊)。

六角恒広 1997「御幡雅文―上海の語学の達人」『漢語師家伝―中国語教育の先人達』、東方書店、127-176 頁。

木山実 2000「三井物産草創期の海外店舗展開とその要員」『経営史学』第 35 巻第 3 号 1-26 頁。

鱒澤彰夫 2000「御幡雅文伝考」早稲田大学『中国文学研究』第 26 号 29-45 頁。

鱒澤彰夫 2001「御幡雅文伝考拾遺」早稲田大学『中国文学研究』第 27 号 13-33 頁。

山藤竜太郎 2009「三井物産の買弁制度廃止―上海支店に注目して―」『経営史学』第 44 巻第 2 号 3-29 頁。

木山実 2014「明治期三井物産における中国語スペシャリスト」『商学論究』第 61 巻第 4 号 235-252 頁。

石田卓生 2019『東亜同文書院の教育に関する多面的研究』第 2 部「東亜同文書院

をめぐる人物」第 1 章「日清貿易研究所の教育について」不二出版、2019 年。

【付記】
本研究の一部は、2019 年度関西大学学術研究員としての研究成果である。

# 『暎咭唎国訳語』の編纂者と編纂過程

## ―― 中国最初の英語辞典の分析 ――

田野村　忠　温

## 1　はじめに

『暎咭唎国訳語』は 18 世紀中葉の清代中国で編纂された官撰対訳語彙集『華夷訳語』丁種本の１つであり（後述）、中国初の英語語彙集である。中日両国における初期の英語学習書、語彙集の中にあって表１に示すように先駆の位置を占める。

表１　中日両国における初期英語学習書

| | 中国 | 日本 |
|---|---|---|
| 18世紀 | 1750年頃 『暎咭唎国訳語』(写本) | |
| 19世紀 | 1823年　モリソン『英吉利文話之凡例』<br>1826年　*The English and Chinese Student's Assistant*<br>1830年頃～ 『紅毛番話』類の語彙集<br>1843年　トーム『華英通用雑話』※2<br>1849年　鄭仁山『華英通語』道光本※2<br>1855年　子卿『華英通語』咸豊5年本※2<br>1860年　子芳『華英通語』咸豊10年本※2 | 1811年　吉雄権之助他『諳厄利亜言語和解』(写本)※1<br>1811年　本木正栄『諳厄利亜興学小筌』(写本)※1<br>1814年　本木正栄他『諳厄利亜語林大成』(写本)※1<br>1822年頃　馬場貞由『訳司必用諳厄利亜語集成』(写本)<br>1840年　渋川敬直『英文鑑』(写本)<br>1851年　西成量他『エケレス語辞書和解』(未完、写本)<br>1860年　福沢諭吉『増訂華英通語』※2 |

表中に「写本」と記しているのは、当該書が成書当時に出版されず、写本の形によってのみ伝えられたことを示す。また、「※1」「※2」は、当該の英語学習書、語彙集の依拠資料と編集の問題をそれぞれ拙論

(2017)、拙論（2018）で考察したことを示す。

表1に示した時期を過ぎると日本では英語学習の機運が高まって英語関係の出版が急増するが、英語学習の普及開始は中国が先であった。日本で出版された最初の英語学習書として知られる福沢諭吉編訳『増訂華英通語』は中国の『華英通語』咸豊5年本に日本語による注釈を加えたものであった（拙論（2018））。

『暎咭唎国訳語』はその内容に誤りや不可解な混乱が多く、同時期の類を成す外国語語彙集に比べて質が劣る。しかし、そのことがかえって、誰がどのようにして編めばこのような語彙集になるのかという興味を見る者に抱かせる。この問題についてはこれまでに中国でいくつかの論が発表されてきたが、私見によればいずれも真相に遠い。ここでは、『暎咭唎国訳語』の編纂者と編纂過程に関する筆者の分析、見解を述べる。

## 2 『暎咭唎国訳語』の概要と特徴

『暎咭唎国訳語』は中国語と英語の対訳語彙集である。写本に扉はなく——題簽の付いた表紙はあるが、後年に加えられたものである可能性がある——、第1冊は開始葉が失われているので、第2冊の開始部分を図1に示す。

各語彙項目は中国語の見出し語、その英語の訳語、その注音——漢字による発音表記——という3つの要素から成る。その一例を図2に示す。

この項目は、中央に書かれた見出し語「果品」に相当する英語がfruitであり、その発音を「付魯多」という漢字連接で近似的に表せることを示している。注音は右から左に向かって書かれているが、字順を逆転して引用する。

中国語の見出し語を中央に大書し、異言語の訳語と注音をその上下に配するこの書き方は筆者の憶測によれば華夷秩序すなわち中華思想の図

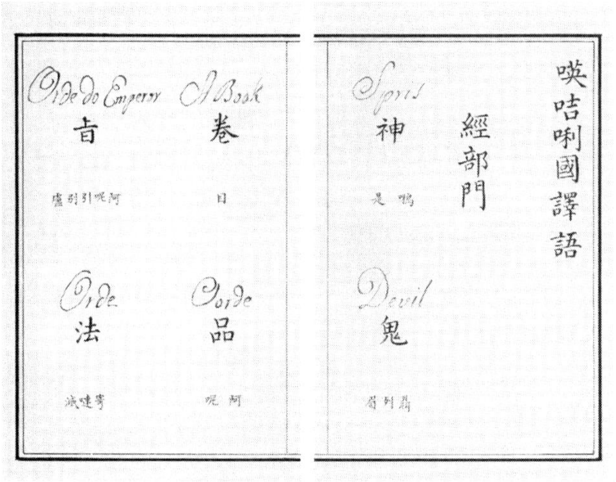


図1 『𠸄咭唎国訳語』（北京故宮博物院蔵）

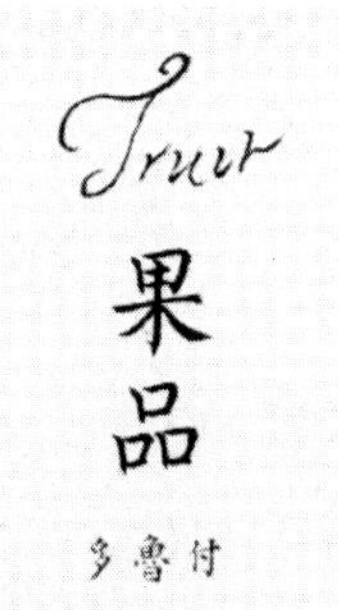


図2 『𠸄咭唎国訳語』の「果品」の項目

像的表現である（拙論（2020））。この紛らわしい要素の配置のために、韓（2008）は英語が見出し語で、中国語が訳語だと考えている。また、Di（2005）、黄（2010）、聶《じょう》・王（2011）はいずれもこの基礎的な問題に関する判断が一貫せず、英語が見出し語だとする記述と中国語が見出し語だとする記述が混在している。しかし、中国語のほうが見出し語であることは、後に述べるように見出し語がチベット語の語彙集『西番訳語』のそれにほぼ完全に一致することから明らかである。英語にはない仏教用語や「臨洮《りんとう》」「朶甘《だかん》」といった中国やチベットの地名などの語彙項目が含まれているという事実もある。

『暎咭唎国訳語』の編纂者と編纂過程の問題の考察に入る前に、その前提としていくつかのことを述べる必要がある。

## 2-1 『華夷訳語』丁種本としての『暎咭唎国訳語』

『暎咭唎国訳語』は、冒頭で述べた通り、18世紀中葉に編まれた通称『華夷訳語』丁種本の1つである[1)]。『華夷訳語』は明清代の中国で編まれた漢民族の言語と異民族の言語の官撰対訳語彙集の総称であり、14世紀の甲種本から18世紀の丁種本に至るまで編纂が繰り返された[2)]。古い『華夷訳語』には語彙集に加えて文例集を含むものもあるが、丁種本はいずれも語彙集だけである。

1931年にドイツ人中国学者ヴァルター・フックス（Walter Fuchs、中国名福克司）が北京の故宮博物院で『華夷訳語』丁種本の写本を多数発見した（Fuchs（1931））。そこには、アジアの諸言語のほかに英語を含む欧州の6言語——ラテン語、ドイツ語、ポルトガル語、フランス語、イタリア語、英語——の語彙集が含まれていた。欧州の言語の『華夷訳語』は故宮博物院に写本が残っているだけである。

故宮博物院の『華夷訳語』丁種本はその後長いあいだ公開されず研究に容易に利用することができなかったが、近年そのすべてが故宮博物院編（2018）として影印出版された。『暎咭唎国訳語』はその全18巻のうちの第13巻に収められている。

---

1）ここでの『華夷訳語』丁種本に関する説明は拙論（2020）における記述に基づく。

2）『華夷訳語』の甲乙丙丁4種の区別と名称は日中両国の学界で定着している。甲乙丙の区別は石田（1931）に始まる。石田がその後の論文で紹介した『華夷訳語』の新種を大友・木村編（1968）が丁とした。

故宮博物院編（2018）所収の42の言語、方言の語彙集は、筆者の見るところによれば、訳語の注音の方式に基づいて表2に示す3類に分けることができる（拙論（2020））。

表2　故宮博物院蔵『華夷訳語』丁種本の3類

| | 注音方式 | 収録語彙 | 語彙集 |
|---|---|---|---|
| 第1類 | 1)訳語の音節に基づき注音<br>（小字、合成字を使用）<br>2)用字を統一 | 乙種本『西番訳語』の語彙を大幅に増補、項目はすべての語彙集でほぼ共通（約2,100語） | 『西番館訳話』（チベット語）<br>『拉氐諾話』（ラテン語）<br>『額哷馬尼雅話』（ドイツ語）<br>『播哷都噶礼雅話』（ポルトガル語）<br>『弗喇安西雅話』（フランス語）<br>『伊達礼雅話』（イタリア語）<br>（ラテン語〜イタリア語：西洋館訳語） |
| 第2類 | 音節末子音などの表示に小字を使用 | 多く『華夷訳語』乙種本の語彙をそのままないし調整して使用（約70〜1,200語）<br>『暎咭唎国訳語』は乙種本『西番訳語』に同じ | 『暹羅番書』<br>『緬甸番書』<br>『蘇禄番書』 |
| 第3類 | 通常の漢字連続による注音 | | 『西番訳語』9種（チベット語方言他）<br>『暎咭唎国訳語』（英語）<br>『琉球語』他多数 |

表2に見る通り、欧州6言語の語彙集にあって『暎咭唎国訳語』は例外的な位置を占める。英語以外の5言語の語彙集は第1類に属し、いずれも注音方式が緻密で統一が図られ、収録語彙も2,000件超と多く、各冊の開始頁に「西洋館」という編纂組織名の表示がある。それに対し、『暎咭唎国訳語』は第3類に属し、注音が単純で収録語彙も700件余りと少なく、「西洋館」の表示も欠く。「西洋館」の表示のある語彙集——以後、「西洋館訳語」と総称する——はいずれも5冊から成るが、『暎咭唎国訳語』は2冊だけである。

## 2-2　『暎咭唎国訳語』の形式と内容

『暎咭唎国訳語』はより古い『華夷訳語』乙種本の1つであるチベット

語の語彙集『西番訳語』[3]に基づいて編まれており——「西番」は“西方の蕃族”、なかんずくチベット人を指す——、形式、語彙ともに共通である。乙種本『西番訳語』と『嘆咭唎国訳語』の様子を図3、図4に示す。

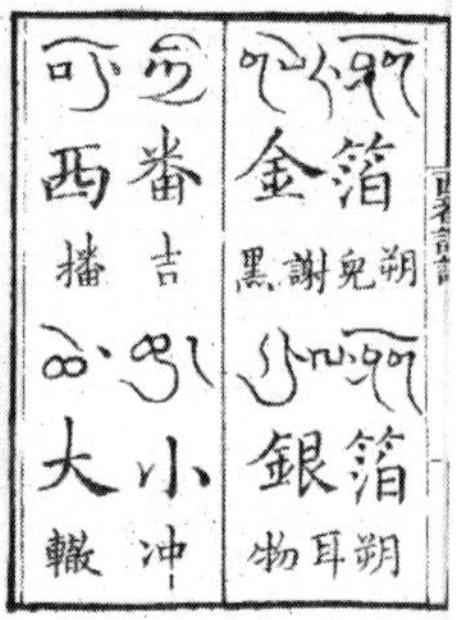


図3 『西番訳語』[4]

図4 『嘆咭唎国訳語』

『西番訳語』の収録語彙は次に示す20の門に分けられており、語彙項目の総数は740である。

天文門、地理門、時令門、人物門、身体門、宮室門、器用門、飲食門、衣服門、声色門、経部門、文史門、方隅門、花木門、鳥獣門、珍宝門、香薬門、数目門、人事門、通用門

故宮博物院蔵の『嘆咭唎国訳語』の写本では第1冊の第1葉が失われ、『西番訳語』にある「天文門」という門名の表示および最初の6つの語彙項目——「天」「日」「月」「星」「雲」「雷」——を欠く。したがって、現

3）西田（1970）によれば、乙種本『西番訳語』には3種類の刊本と10種類余りの写本の存在が知られている。中には語彙集と文例集から成るものもあった。

4）馬駿良『竜威秘書』第九集（刊年不詳、18世紀後半か）所収の版による。

在確認できる語彙項目の数は734である。

『西番訳語』と『暎咭唎国訳語』の見出し語は基本的に一致する。例外的に不一致の認められる項目は、欠葉のために確認できない6項目を別とし、漢字の字形の差によるものを除けば、次の3つだけである。括弧に入れて添えているのは門名と影印本での頁数である——故宮博物院蔵の『華夷訳語』丁種本にはいずれも葉数の表示がない——。

路（地理門21）

法妙（経部門112）

当阻（人事門187）

「路」は『西番訳語』では「陸路」であったが、『暎咭唎国訳語』の浄書の段階で「陸」を書き漏らしたか、意図的に「陸」を省いたものである。by landと訳されているので、翻訳の段階では「陸路」と書かれていたはずである。「法妙」と「当阻」はそれぞれ「妙法」「阻当」の各2字が転置した結果である。縦書きで字順の誤解が生じることはまずないであろうが、図2に見る通り『西番訳語』の見出し語は横書きであり——しかも、左から右に向かって書かれている——、そのために『暎咭唎国訳語』編纂の何らかの段階で混乱が生じたものと考えられる[5)]。

したがって、『暎咭唎国訳語』の見出し語の選択については考察の余地がほとんどない。解明を要するのは、英語の訳語とその注音に関わる問題だけであることになる。

なお、『西番訳語』では各門の内部に見出し語が1字の項目と2字の項目が入り混じった形で配置されているが、『暎咭唎国訳語』では門ごとに1字語を先、2字語を後という形に並べ替えている。これはおそらく単に第1類の語彙集における様式に合わせたもので、語彙集の内容に対する実質的な影響はない[6)]。

---

5)「妙法」と「阻当」の字順の逆転のほかに、見出し語は誤っていないが、その字順を誤って読んだことに起因すると見られる誤訳の例もある（後述）。

6）項目の並べ替えのもたらした副作用として、すでに先行研究に指摘がある通り（Di

## 2-3 『暎咭唎国訳語』の顕著な特徴

『暎咭唎国訳語』は、西洋館訳語の各語彙集、すなわち、『華夷訳語』丁種本第1類に属する欧州5言語の語彙集とは性質を大きく異にする。特異とも言えるその顕著な特徴は以下の3点にまとめることができる。

第1に、英字がしばしば読みにくく、綴りの誤りも多い。

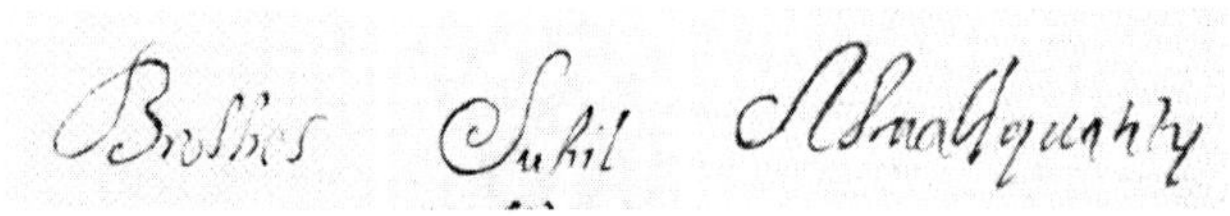

図5 『暎咭唎国訳語』の英字 ── Brother、Sweet、A small quantity

『暎咭唎国訳語』全体を通じて見れば、英字が整った字形で書かれている箇所もあれば崩れが多く読みにくい箇所もあり、複数の書き手があったような印象がある。しかし、読みやすさ、読みにくさの程度は連続的で、しかも、同一箇所に読みやすい字と読みにくい字が共存していたりもするので、書き手の数の問題について確実な判断を下すことはむずかしい。

第2の特徴は、訳語と注音へのポルトガル語および広東英語、すなわち、ピジン英語の混入である[7]。以後、語彙集の項目の引用は原則として「見出し語 訳語 注音」という形式とする。そして、訳語の語頭の大文字

---

(2005)、聶（2019））、『西番訳語』の「地理門」で本来2字語があった位置に繰り上げられた「水」の項目に混乱が生じている。この混乱は、項目の並べ替えが、翻訳と注音の作業が一通り終わった後の段階で行われたことを示している。

なお、項目が見出し語の字数の順に排列されているのは第1類の各語彙集と『暎咭唎国訳語』、加えて、第2類、第3類に属する少数の語彙集だけである。『暎咭唎国訳語』と同じく乙種本『西番訳語』の見出し語を使って編まれた第3類の『西番訳語』9種では見出し語の字数に基づく項目の並べ替えは行われていない。

7）一般にピジン英語は18世紀前半に発生したと考えられている。とすれば、『暎咭唎国訳語』編纂時にはすでにピジン英語が存在したことになる。例えば、Shi（1991）は“ピジン英語の発生時期は1699年と1748年のあいだであり、おそらく1715年ごろであろう”と述べている。

は小文字に変え、古い綴りは現代化し、綴りの誤りは正して引用する[8)]。また、ポルトガル語は斜体字で記す。複合的な訳語の注音は見やすさのために原則として分かち書きする。

如何 *como* 戈磨（人事門179）

聡明 *entendimento* 掩滴們（人物門47）

仏教 joss religion 呀斯 列利養（地理門25）

「如何」と「聡明」はポルトガル語に訳されている――*entendimento* は“理解”の意を表す――。「仏教」の訳語に使われているjossは、神を表すポルトガル語 *Deus* に由来するピジン英語であり、John Robert Morrison *A Chinese Commercial Guide*（1834年）の巻頭に広東特有の英語表現の1つとして挙げられている。ピジン英語の混入については次の特徴のところでもさらに例を見る。

第3の特徴は、訳語と注音の不一致である。まず、

筆 a pen 貶（文史門114）

舞 to dance 単些（人事門165）

のような例では訳語にある冠詞のa、不定詞のtoが注音にはない。もっとも、これらは重要でないと見なされたと考えられる機能語の省略に過ぎない[9)]。

注目に値するのは、次のような実質的な不一致がしばしば見られることである。

楪 dish 必列（器用門70）

敬 honour 利是必睹（人事門172）

知 I know it 沙被（人事門169）

8）綴りを正して引用することには2つの理由がある。1つは、『暎咭唎国訳語』では訳語の綴りに誤脱が多いために、そのまま引用したのではしばしば何の語か分からなくなることであり、もう1つは、筆跡の崩れのために、書かれた通りに引用しようにもそもそも綴りを一意的に復元できない場合がきわめて多いことである。

9）とは言え、このような省略がどのようにして実現したかは実のところはっきりしない。この問題については後に考える。

不到 He is not come yet 哪敢一（人事門 183）

dish の注音として書かれているはずの「必列」はおそらく plate を注音したものであり[10]、honour の注音として書かれた「利是必賭」は respect を注音したものであろう。また、I know it の注音であるはずの「沙被」は“知る”の意を表すポルトガル語（ないしスペイン語）由来のピジン英語 savvy の発音を示し、He is not come yet の注音であるはずの「哪敢一」は No come yet というピジン英語の文の発音を表すものと考えられる。「一」は南方の諸方言では入声の t を保持しており、例えば現代の広東語、客家語、閩南語における読みは jat（= yat）、it などである[11]。

『唊咭唎国訳語』に見られる以上のような特徴はいったい何に由来するのであろうか。その謎を解明するためには、語彙集をどのような人物がどのような方法で編纂したのかという問題を考える必要がある。

## 3 『唊咭唎国訳語』の編纂に関する従来の諸説

『唊咭唎国訳語』の編纂については従来中国でいくつかの論が発表されてきた。以下にそれぞれの概要を述べ、筆者の考える問題点を述べる。

### 3-1 単純な中国人編纂説

まず、英語の訳語が読みにくく、綴りに誤りも多いということから直

10）韓（2008）は「必列」を dish の注音と見て、「必」の字が英語の［di］を表すのに使われているとしている。しかし、中国人による［b］と［d］の混同の事例を筆者は知らないものの音声上の共通性を考えればあり得ないとも言えないが、［ʃ］を「列」で注音するということはとうてい考えられない。

11）広東語の発音は香港語言学学会粤《えつ》語《ご》拼音《ピンイン》方案（略称粤拼《えつピン》）によって表記する（香港語言学学会粤語拼音字表編写小組（2002））。各文字の音価はおおむね普通話のピンインの知識に基づいて判断することができる。ただし、j は国際音声記号（IPA）におけるように接近音を表す。文脈によっては声調を示す 1 ～ 6 の数字を添える。

ちに、『咦咭唎国訳語』の編纂は中国人によって行われたと考える素朴な見解がある。

### 3-1-1　Walter Fuchs（1931）'Remarks on a new "Hua-I-I-Yü《（華夷訳語）》"'

故宮博物院蔵『華夷訳語』丁種本の発見者であるフックスは、その発見を報告したこの論文で『咦咭唎国訳語』について次のように書いている。

> The English vocabulary 咦咭唎國譯語 does not bear the heading "Hsi-yang-kuan" and differs widely from the other European collections. It consists of only two volumes the English of which is written by a man, apparently a Chinese, who had not mastered the language and who made frequent mistakes.（『咦咭唎国訳語』は冒頭に「西洋館」の表示がなく、他の欧州の言語の語彙集とは大きく異なる。2冊のみから成り、英語を書いたのは明らかに英語に習熟していない中国人で、誤りが多い。）

フックスは英語の書き手が中国人だと言っているだけであるが、中国語の書き手は当然中国人だったであろうから、結局『咦咭唎国訳語』は中国人だけによって編まれたという見方であることになる。

ただし、当の論文は『華夷訳語』丁種本発見の報告であり、『咦咭唎国訳語』を詳しく論じたものではない。フックスは"諸事情により『華夷訳語』丁種本を綿密に調査することができなかったので、ここでは若干の紹介的な記述にとどめる"と断っている。フックスが資料に軽く目を通して考えたことを述べたに過ぎないと受け止めるべきであろう。

### 3-1-2　韓麗娜（2008）『《英吉利国訳語》研究』

これは『咦咭唎国訳語』を主題とした吉林大学の修士論文である。韓は、その第2章で英語の注音における漢字の選択を中国語の方言音声の観点から考察し、結論として次のように述べている。

> 我们可以推测,《英吉利国译语》一书的注音者可能是操粤地方口音的广东人,联系《英吉利国译语》成书时仅广州的十三行与英国存在联系的情况来看,《英吉利国译语》一书的作者很有可能是来自广州十三行的译员或译馆的翻译。(『暎咭唎国訳語』の注音者は広東の方言を話す広東人であろう。『暎咭唎国訳語』成書時に英国と関わりがあったのは広州十三行だけだという状況を考え合わせると、『暎咭唎国訳語』の作者は広州十三行の通訳もしくは翻訳館の翻訳者であった可能性が高い。)

韓はここで『暎咭唎国訳語』の注音の側面について論じているだけであるが、最終的に“『暎咭唎国訳語』の作者は”云々という形で結論を述べていることから、やはり『暎咭唎国訳語』がもっぱら中国人によって編まれたとする見解であると言える。

「広州十三行」とも呼ばれる「広東十三行」は清政府の許可を得て外国貿易に従事した広東の特権的商組織の総称で、組織数には時期による変動があったが慣習的に十三行と呼ばれた(中国歴史大辞典編纂委員会編(1992))。

### 3-1-3　単純な中国人編纂説の問題2点

しかし、フックスと韓の述べる中国人編纂説には2つの問題がある。

第1に、フックスが“明らかに中国人が書いた”と考えた『暎咭唎国訳語』の英字は、筆者の目には明らかに西洋人の熟練した筆跡に映る。美しい装飾の加えられた例 ── Arrow、Hand、Prayers、Eat ── を図6に示す。

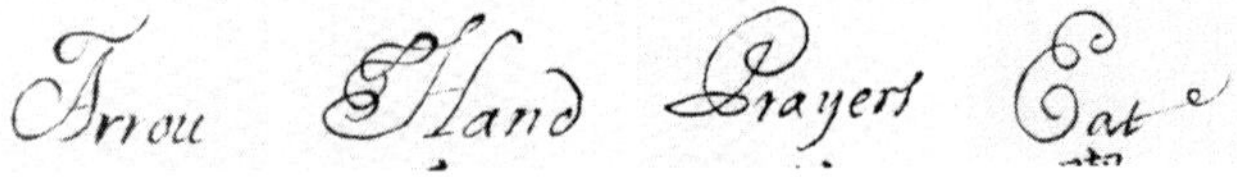

図6　『暎咭唎国訳語』の英字 ── 美しい装飾

そして、一見分かりにくい筆跡でもその特徴を把握すれば書き手の意図通りに読める例も多い。

**図 7　『暎咭唎国訳語』の英字 ── 意図通りに読める癖字**

図 7 の最初の例は「東」の訳語で、East である（方隅門 117）。『暎咭唎国訳語』の英字の書き手はしばしば a の字を 2 文字のように左右に分けて書く。また、過去の英語においては小文字の s が縦長に書かれることがあった。ここには逸脱と言うべき要素はない。

第 2 の例は「飛」の訳語 To Fly である（鳥獣門 133）。聶・王（2011）はこれを To Hip と読んで誤記だと考え、『暎咭唎国訳語』に見られる誤りの例示の筆頭に挙げているが、資料の誤読に過ぎない。To の T に不要の横線が書き加えられて F になっているという問題はあるが、Fly には問題がなく、F の次にまず l があり、それに 2 画を離して書かれた y ── これも多くの項目に見られる ── が続いている。

右端の例は「半夜」の訳語で（時令門 35）、韓（2008）は Halfnight と読んでいるが、これはおそらく Midnight ── その d が a のように書かれたもの ── である[12]。韓はほかに「襪」（靴下）の訳語 Stack（衣服門 92）を Sock の誤記だとしているが、実際には stocking の古形である stock の誤綴である[13]。

12）当の項目の注音には「密児 乃的」と書かれている。これは midnight ではなく middle night の発音を表しており、訳語と注音の不一致の一例である。

本文で述べた解釈以外に、訳語の第 3 字を見た目の通りに a と受け止めて、ポルトガル語混じりの表現と見る可能性も考え得る。すなわち、midnight とそれに相当するポルトガル語 *meia noite* が混淆し、その *meia* が *mia* と書かれた結果として *mia* night になったと考えるということである。しかし、midnight の d が誤って a のように書かれたとする見方に比べて解釈が複雑になる。

13）*The Oxford English Dictionary* 第2版（1989年）は stock を “A stocking. Now only *dialect.*”（長靴下。現在は方言のみ。）と説明し、15 世紀から 19 世紀にかけての時期の用例を挙げている。なお、訳語が「士達近」と注音されているので、注音者が stock を

もっとも、『暎咭唎国訳語』の英字が西洋人の筆跡であることを筆者は確信するものの、その判断は印象、感覚に依存しており、証明がむずかしい。ここでは筆跡に関する判断の正当化の努力は省き、以後の論述は英字の書き手に関する判断には依存しない形で進める。

単純な中国人編纂説の根源的とも言うべき第2の問題は、『暎咭唎国訳語』の作者が中国人だと言っただけでは、先に見た訳語と注音の不一致の現象（2-3）を説明できないということである。作者が中国人だけであったと考えるかどうかを問わず、『暎咭唎国訳語』の理解のためにはその不一致に対する説明を欠かすことができない。加えて、訳語と注音へのポルトガル語および広東英語の混入の現象に対する説明も必要である。

## 3-2　訳語と注音の不一致を考慮に入れた諸説

訳語と注音の不一致を考慮に入れた論は4種類ある。その内容を発表年順に確かめる。

### 3-2-1　Xuan Di（2005）'An 18th century English-Chinese dictionary'

Di（2005）は、論文冒頭に添えられた説明と論文末の謝辞によれば、著者が中国社会科学院民俗学与人類学研究所の聶鴻音氏の指導を受けて2003年に書いた卒業論文（筆者未見）を改訂した未刊行の論文である。同研究所の孫伯君氏のご教示によれば、Xuan Diは狄譞《てきけん》、北京外国語大学英語語言文学専攻の卒業生で、故宮博物院で『暎咭唎国訳語』を書写して卒業論文を書いた。Fuchs（1931）の簡単な記述以後詳しい考察の対象とされることのなかった『暎咭唎国訳語』を主題とした、筆者の把握の限りにおいて最初の研究である。しかも、研究史上重要な発言を含ん

---

stockingに変えて注音したという可能性のほかに、当初stockingと書かれていた訳語が書写時にstockになったという可能性も考え得る。

でいるが、以後の研究にはこの Di（2005）への言及が一切見られない。

Di（2005）は——そして、次に取り上げる黄（2010）、聶・王（2011）もまた——英語を見出し語と見るのか中国語を見出し語と見るのかという点に関して記述が一貫していない。しかし、すでに述べた通り中国語が見出し語であることには疑問の余地がないので（2節）、以後その理解を前提として述べる。ちなみに、英語を見出し語と考えては訳語と注音の不一致も説明することができない。例えば、「敬 honour 利是必睹」（人事門 172）という項目において honour が見出し語であったとすれば、その注音が「利是必睹」、すなわち、respect になることはあり得ない。

狄は『暎咭唎国訳語』の編纂者と編纂過程について次のように述べている。第2の引用は実際には『華夷訳語』丁種本の編纂に関する一般的な記述であるが、括弧内には分かりやすさのために『暎咭唎国訳語』の編纂に特化した説明訳を添える。

> … the English recorded is spoken and written by a Portuguese learner of English.（英訳はポルトガル人の英語学習者によって発音され、書かれた。）
>
> There are at least a written form informant, an oral informant, and a Chinese officer. The Chinese transcription is based on oral input, not on the written form of the foreign language.（編纂には少なくとも、訳語を英字で書いて提供したポルトガル人、注音のために訳語を口頭で提供したポルトガル人、中国人の役人の3人が関わった。注音は第1のポルトガル人による筆記ではなく、第2のポルトガル人による発音に基づいて行われた。）

ここには2つの注目すべき見解が含まれている。1つは、『暎咭唎国訳語』の編纂にはポルトガル人が関与したというものである。従来、西洋人の関与を論じた研究者はこの狄以外にはいない。狄は第1の引用ではポルトガル人を“a Portuguese learner of English”と単数で表現しているが、第2の引用から分かる通り、実際には最低2人のポルトガル人が想定されている。

狄のもう1つの考えは、見出し語の翻訳は二重に行われたとするものである。すなわち、訳語と注音──正確に言えば、英字で記された訳語と漢字で注音された訳語──は互いに独立して準備されたという見方である。これは訳語と注音の不一致の現象を説明するためのものであり、引き続いて見る黄（2010）と聶・王（2011）においても同じ考えが述べられている──ただし、編纂に西洋人が関与したとする主張はない──。

### 3-2-2　黄興涛（2010）「《暎咭唎国訳語》的編撰与“西洋館”問題」

黄（2010）の『暎咭唎国訳語』の編纂の問題に関する結論は次の通りである。

> 关于《暎咭唎国译语》的实际编撰者，笔者赞同福克司的大胆假设，认为它（中略）很可能是中国人所为。不仅如此，笔者还认定它多半是中国广东十三行英语“通事”的杰作，至少是其主要参与的结果。（筆者はフックスの大胆な仮説に賛同し、『暎咭唎国訳語』は中国人によって編まれた可能性が高いと考える。加えて、『暎咭唎国訳語』はおそらく広東十三行の英語通訳が少なくとも中心的に関わって編んだ傑作だと考える。）
>
> 笔者甚至因此推测，《暎咭唎国译语》的编撰是先写好了汉字词，然后再请人分别标注英文对译词和汉字发音的，也就是说，其英文书写与汉字注音者很可能并非同一人，而且其英文水平很有限。（筆者は、『暎咭唎国訳語』の編纂はまず中国語の見出し語を書き、英字による訳語と注音による訳語をそれぞれ別の人に依頼することによって行われた、すなわち、英字の訳語を書いた人と注音を行った人は同一ではないと推測する。）

『暎咭唎国訳語』が広東十三行の通訳によって編纂されたとする考えは韓（2008）に一致し、訳語と注音が独立して準備されたとする考えはDi（2005）に一致する。

### 3-2-3　聶大昕《だいきん》・王洪君（2011）「《暎咭唎国訳語》、《播呼都噶礼雅話》簡介」

聶・王（2011）もまた『暎咭唎国訳語』の訳語と注音は独立して準備されたと考える ―― 論題にある『播呼都噶礼雅話』は西洋館訳語の１つであるポルトガル語の語彙集の書名である ―― 。この論文は、文中の記述によれば、聶の首都師範大学英語系の卒業論文（2006年）と、聶が王の指導を受けて書いた北京大学対外漢語教学学院の修士論文（2009年）に基づいている（いずれも筆者未見）。

その結論の主要な部分を引用すれば次の通りである。

> 重要的是，意譯和音譯的程式是分離的，音譯程式的譯者與意譯程式的譯者可以不是同一人，所以音譯程式所記錄的對音漢字可能不是意譯程式的英文筆受所寫下的那個西文詞語而是音譯程式譯者所念的西文詞語。（訳語と注音を準備する処理は分離しており、それぞれにおける翻訳者が同一人物であったとは限らない。そのために訳語と注音の不一致が生じ得ることになる。）

英語で書かれたNie and Wang（2015）においても同じ考えが述べられている。

### 3-2-4　聶大昕（2019）「《暎咭唎国訳語》編纂流程考」

聶は『暎咭唎国訳語』の編纂過程に関してその後考えを改めたと思しく、聶（2019）では聶・王（2011）とはまったく異なる考えが述べられている。特に注目すべき箇所を引用すれば次の通りである。

> 《暎咭唎国译语》的释义和译音部分并非同一批人所为，而且两个环节的工作绝不是紧密衔接合作完成的。（『暎咭唎国訳語』の翻訳と注音は相異なる人々によって行われた。そして、それらが密接な連携のもとに行われたわけでもない。）
>
> 本文（中略）还原了《暎咭唎国译语》的五步核心编纂流程。第一步，由“主译”根据《西番译语》按顺序诵读汉语词；第二步，有一组通

事根据这些汉语词对译为“广东英语”，并纪录为汉字译音；第三步，有另一组通事将译音形式还原，构拟为外语字母拼写形式，同时对其中出现的不标准形式进行校勘；(後略)（『暎咭唎国訳語』の編纂においては、翻訳主事が『西番訳語』の見出し語を読み上げ、一組の通訳がそれを広東英語に翻訳して注音の形で記録し、その後別の一組の通訳がその注音から英字の綴り字を復元するとともに、標準的でない形式を修正した。）

すなわち、翻訳と注音が完全に独立して行われたとする聶・王（2011）での見方はここでは放棄された。聶の新しい見方は、まず注音の形で訳語が書かれ、それに基づいて英字の綴りが復元された、そして、その復元の際に標準的でない表現が訂正された——その結果として英字で書かれた訳語と注音の不一致が生じた——というものである。

以上の Di（2005）から聶（2019）に至る諸説の当否については、次節における考察の中で検討する。

## 4 『暎咭唎国訳語』の編纂者と編纂過程

『暎咭唎国訳語』の編纂に関わる２つの中核的な問題は編纂者と編纂過程である。すなわち、編纂が中国人だけによって行われたのか、西洋人も関与したのかという問題と、見出し語の翻訳と注音の作業がどのように行われたのかという問題である。２つの問題は無論相互に密接に関係するが、分けて順次考察する。

### 4-1 編纂者

編纂者の問題に関しては、Di（2005）はポルトガル人の関与を推定したが、その他の研究者はいずれも『暎咭唎国訳語』は中国人によって編まれたと考えてきた。私見は狄の見解に一致する。

### 4-1-1　西洋人の関与

『嘆咭唎国訳語』の編纂に西洋人が関与したことは、中国語の知識の不足を示唆する誤訳が多いことから確かめられる。そして、誤訳にはその背景を想像できるものが少なくない。例えば、次のような項目がある。

帽 head 歇（衣服門 91）

念 to grieve 宜里非（身体門 58）

想 to study 実哆的（身体門 58）

「帽」を head、“頭”と誤訳したのは、翻訳の作業を主事した中国人が自分のかぶった帽子を指で指して相手に“これを何と呼ぶか？”と尋ねることによって訳語を求めたことに起因するものと推定される。また、「念」を grieve、“悲嘆に暮れる”、「想」を study、“学習する”と訳しているのは、おそらく物を考える様子を演じて見せたのがそのように受け止められたからであろう。

次のような誤訳からは、見出し語の意味を説明するのに絵を描いて見せるという方法も使われたらしいことが分かる。

鎗 launch 朗煞（器用門 73）

鳴 a singing bird 醒（鳥獣門 133）

「鎗」、すなわち、槍を launch、“投げ付ける”と訳し、「鳴」を“鳴いている鳥”と訳しているのは、人が槍を投げる様子や鳥の鳴いている様子を描いて見せて訳語を求めたものと考えれば翻訳の誤りが理解できる。a singing bird が「醒」、すなわち、sing と注音され、冠詞の a のみならず bird の発音が示されていないことについては後に論じる。

次の組を成す 3 項目における誤訳も、見出し語の意味を描画によって正しく伝えられなかったことによると考えられる。

宮殿 in the palace 罷喇色（宮室門 66）[14]

---

14）「宮殿」と「前殿」の訳語に含まれる定冠詞の the は実際には $y^{e}$ と書かれている。$y^{e}$ は、the のソーン（thorn）þ を用いた表記 þe から誤解によって生じた表記である。「後殿」の訳語には the がない。

前殿 before the palace 必夥児 罷喇色（宮室門66）

後殿 behind palace 米興 罷喇色（宮室門66）

建物を表す「宮殿」「前殿」「後殿」という名詞が“宮殿の中に”、“宮殿の前に”、“宮殿の後ろに”という場所を表す前置詞句に訳されている。

次は形容詞を見出し語とする項目の例である。

軽 a light thing 来 叮（通用門195）

懶惰 a lazy young man 烈日（人物門52）

「軽」という形容詞を“軽いもの”と訳しているのは、手近にあった軽いものを手に取ってその軽さを仕草で示すなどして訳語を求めたからであろう。「懶惰」を“懶惰な若者”と訳しているのも、何らかの方法によって懶惰な人物の様子を示したものと想像される。ここでも注音にyoung manに相当する部分がないが、これについては後に述べる。

次のような項目でも、見出し語に関係はするが意味のずれた訳語が記されている。

罪 a murderer 馬達辣（通用門193）

願 I am content 貢叮爹（人事門171）

為 to do anything 擬里弩（人事門173）[15]

「罪」が“殺人者”、「願」が“私は満足している”と訳されている。「為」が“何でもする”と訳されているのは、行為全般を表す「為」の意味は演技や描画では伝えられないことから、あらゆる行為を表すという趣旨の説明を口頭で行ったからではないかと考えられる。

以上のような誤訳の事例から、『嘆咭唎国訳語』の訳語は、中国語の知識の乏しい西洋人が中国人から見出し語の意味について説明を受けつつ答えるという形で提供したものと推定される。

---

15）「擬里弩」という注音は訳語との関係が不透明である。訳語と不完全ながら対応しているとすればany doの発音を示しているのではないかと考えられる。

### 4-1-2　ポルトガル人の関与

そして、その西洋人の素性については、『暎咭唎国訳語』が英語の語彙集であり、そこにポルトガル語の訳語が混じっていることから、英国人かポルトガル人のいずれかであった可能性が高いことになる。しかし、英国人が英語の語彙集にポルトガル語の訳語を含めることは考えられない。したがって、当の西洋人はおそらく一定の英語の知識を有するポルトガル人であったと推定される。

実際、ポルトガル人の関与を示す音韻上の証拠が2つある。その第1は、語頭のs＋子音という形の子音連続の前への母音iの付加である。その現象を現代ポルトガル語辞典で確かめると次のような事例がある。

*esporte*（sport）、*estação*（station）、*estrada*（street）、*esqui*（ski）、*esquilo*（squirrel）、*Estocolmo*（Stockholm）、*Escócia*（Scotland）、*Eslováquia*（Slovakia）

『暎咭唎国訳語』にはこれに類する注音が見られる。

煙 smoke 意事莫（天文門 7）
泉 spring 厄士避領（地理門 15）
街 street 衣実跌列（地理門 22）
春 spring 以士必領（時令門 27）
椽 small beam 夜士摩 命（宮室門 64）
硯 an ink stand 鷹咭 意吐胆（文史門 114）[16)]

文字にはsmokeと書きつつ、ismokeと発音しているのである。s＋子音で始まる語の発音を苦手とする人物であったことが分かる。中にはiの母音を加えずに発音した事例もあるが、iを加えた事例が十数例ある[17)]。

ポルトガル人の関与を示す第2の音韻的な事実は子音のhに関わる。

---

16）「吐」は「吐」の誤記、誤写であろう。

17）韓（2008）は“sで始まる語の前に[i]を加える現象”があると書いているが、iの付加は語頭のs＋子音の前の環境に限った現象である。s＋母音の前にiが加えられた例はない。

ポルトガル語では基本的に綴り字中のhを発音しないという事実が背景にある。

豊足 a fine harvest 分 亜喇尾士（人事門185）

この例ではharvestのhを落とした発音に基づいて注音が行われている。すなわち、ポルトガル人はharvestと書きながら、arvestと発音したということである[18]。

逆の性質の事例もある。すなわち、hの要らないところにhを加えた事例である。まず、

勢大 a great army 格列 哈児米（人事門188）

においては、armyと書きつつ、hの子音を加えてharmyと発音している。また、

油 hoil 嗳児（飲食門88）

甘 suhit 蘇噫（飲食門89）

執 take hup 得極（人事門170）

においては、発音は正しく行われているが──「嗳」の現代広東語での発音はoi2、oi3など──、綴り字に不要のhが加えられ、oilがhoil、sweetがsuhit、take upがtake hupと書かれている──このsuhitは図5に読みにくい訳語の例の1つとして示したものである──。こうした発音ないし綴りへの無用のhの付加は、英語とポルトガル語のhに関わる違いを知るポルトガル人による過剰修正の結果と解釈することができる。

ちなみに、西洋人の母語の如何の証拠にはならないが、訳語における英語とポルトガル語の混用が多く見られる。

士官 mandarin *do* army 漫達領 達 吖耳馬（人物門45）

模様 a *mostra* 嚤実達（身体門61）

---

18）“豊富、満ち足りた”の意を表す見出し語「豊足」を“すばらしい収穫、豊作”のように訳しているのは誤訳であろう。

甘松 *resina de* pine 列仁拏 氷奴（香薬門 155）[19]

「士官」の訳語の *do* は *de*（= of）+ *o*（=男性名詞に付く定冠詞）の短縮形であり、“A *do* B” というポルトガル語の表現型に mandarin と army という英語の内容語を入れた形になっている[20]。「模様」の訳語 a *mostra* はそれとは逆に、内容語のほうがポルトガル語である。「甘松」の訳語 *resina de* pine はそのいずれとも異なる種類の英語とポルトガル語の混在の例である。

## 4-2 編纂過程

編纂過程の考察は、先に見た先行研究の見解の再確認から始める。

### 4-2-1 従来の説の再確認

訳語と注音の不一致を考慮に入れていない説を除くと、従来の見解は不一致の説明方法に関して 2 類に大別することができる。

第 1 は Di（2005）、黄（2010）、聶・王（2011）に共通する見解であり、推定された編纂過程を図 8 のように図式化することができる。

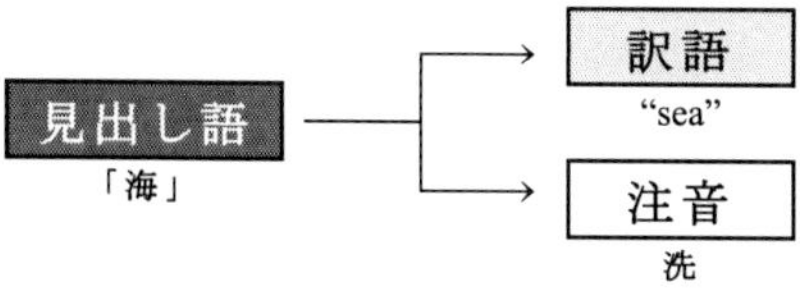


図 8 『暎咭唎国訳語』の編纂過程に関する見解 —— 訳注独立説

19）薬草名の「甘松」を *resina de* pine、“松脂” と訳しているのは誤訳であろう。

20）英語 army に相当するポルトガル語 *exército* は男性名詞である。ただし、英字が判読しにくく、*do* は *da* である可能性がある。その場合は、*de* + *a*（=女性名詞に付く定冠詞）であることになる。当該箇所の注音が「達」であることは確実な判断材料にならない。単純に考えれば「達」は *da* を表すと考えるのが自然であるが、*do* の発音が後続の army の影響によって *da* のように聞こえたという可能性も考え得るからである。

すなわち、中国語の見出し語「海」を一方でseaと翻訳して英字で記し、他方、その作業とは無関係に翻訳して「洗」と注音したと考える。訳語と注音が別々に準備されたと考えることにより、訳語と注音の不一致が説明できるとする。訳語と注音が相互に独立して準備されたと考えるこの見解を便宜上「訳注独立説」と呼ぶ。

第2の見解は聶（2019）のもので、編纂過程を図9のように表すことができる。

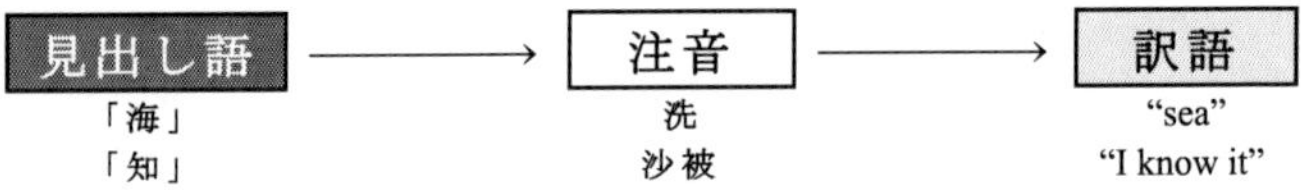


図9 『嘆咭唎国訳語』の編纂過程に関する見解 —— 先注後訳説

この考えによれば、まず翻訳の結果を注音の形で記し、そこから英語の綴りを復元した。そして、綴りの復元時に標準的でない表現を修正した。すなわち、「洗」の注音はそのまま使ってseaと書いたが、ピジン英語のsavvyを表す「沙被」という注音（2-3）は採用せず、翻訳し直してI know itと書いた。その再翻訳によって訳語と注音の不一致が生じたとする。先に注音し、後に訳語を書いたと考えるこの見解を「先注後訳説」と呼ぶ。

### 4-2-2　訳注独立説の困難

さて、まず訳注独立説について言えば、語彙集の編纂者が訳語と注音を分けて準備するという非効率な方法を選ぶものだろうかという常識の次元の疑問もあるが、それよりもはるかに重大な問題がある。それは、訳語と注音は大多数の項目において一致しているという事実である。

例えば次のような項目が注目すべき事例の1つである。

就 very close 密裏 哥羅些（人事門171）

「就」の語は多義的であるので、そしてまた、そのうちの特定の語義に限定するとしても、本来相異なるさまざまな翻訳が可能なはずである。それにもかかわらず、訳語の very close と注音の「密裏 哥羅些」がきれいに対応している。このような一致は偶然によっては生じ得ない。

次のような例では訳語と注音がともに誤訳で一致している。

杓 dish 低士（器用門 71）

許 promise 巴攬士（通用門 194）

道 travel 達喇勿（地理門 16）

遠 great way 孽列 喽（地理門 17）

「杓」を dish、「許」を promise とする誤訳が訳語と注音とで一致している。「道」を travel、「遠」を great way と訳すのもほぼ誤訳であり――もし誤訳という評価を避けるとしても、より適切な訳語がほかにあったはずである――、やはり訳語と注音が一致している。

次は訳語と注音がともにポルトガル語、ないし、英語とポルトガル語の混合である例である。

如何 *como* 戈磨（人事門 179）

聡明 *entendimento* 掩滴們（人物門 47）

飲食 drink *comer* 低領咭 個迷（飲食門 89）[21]

英語の語彙集である以上本来英語に訳さなければならないにもかかわらず、「如何」と「聡明」では訳語、注音ともに共通のポルトガル語になっている。「飲食」の項目では、「飲」を英語、「食」をポルトガル語によって逐語的に訳しており――これは英語だけで drink eat と訳したとしても不適訳であるが――、それが訳語と注音で一致している。

したがって、訳注独立説は大多数の項目における訳語と注音の一致という重要な事実を説明することができないことになる。言い換えれば、訳注独立説は語彙集を見る者の注意を引きやすい訳語と注音の不一致の事例にのみ着目した判断の結果だということである。

---

21）*comer* は一見 *coma* に見える筆跡で書かれている。「食 *comer* 哥滅」（鳥獣門 133）では *comer* と書かれ、両項目で mer の注音も一致する。

### 4-2-3　先注後訳説の困難

先注後訳説にもまた重大な困難がある。そのことは2つの角度から説明することができる。

第1の問題は、注音から綴りを復元することはほぼ不可能だということである。

英語の綴りと発音の対応にはよく知られた複雑性がある。例えば、/rait/ という音形の語は right、write、rite、wright とさまざまに綴られる。加えて、『暎咭唎国訳語』の注音では同一の漢字がしばしば英語の複数の発音を表すのに使われている。例えば、次のような事例では1つの漢字が2～3種類の発音に対応している。

穏：風 wind 穏（天文門 4）、酒 wine 穏（飲食門 86）

嗹：雨 rain 嗹（天文門 4）、瘦 lean 嗹（通用門 194）

哈：心 heart 哈（身体門 57）、鷹 a hawk 哈（鳥獣門 129）、
　　猪 a hog 哈（鳥獣門 132）

漢字によっては注音上の多義性がさらにはるかに大きい。頻繁に現れる「列」の字は、英語の /l/、/li/、/le/、/ri/、/re/、/rei/、/rai/、/ri:d/、/red/、/leit/、/reit/、/dei/ などの広範囲の発音の注音に使われている。したがって、例えば「必列」という注音を見ても、それが peel、pill、bill、pale、play、pray、plate、bread、plead などの語のいずれを表しているのか知りようがないことになる。

見出し語と注音の形で書かれた訳語を見て英語の綴りを復元するというクイズめいた課題に取り組むには英語の豊富な知識が必要である。そうした知識を備えた人物は当時いなかったであろうし、かりにいたとすれば注音を見ないで直接翻訳したほうがはるかに効率的であったはずである。と言うよりも、そのような人物がいれば1人で訳語と注音を書くことができ、そもそも翻訳を広東十三行の通訳――私見ではポルトガル人であるが――に頼る必要もなかった。

第2の問題は、訳語と注音が一致しない場合の両者間の関係は多様だ

ということである。具体的には以下で見る通り、必ずしも訳語が標準的な英語になっているわけではなく、逆に、注音が正しく、訳語のほうに問題があることも多い。先注後訳説はそのような事例に対してはまったく無力である。

したがって、先注後訳説も有効な説明にはならない。先注後訳説は、もっぱらピジン英語の混入した項目にのみ着目した判断の結果であると言える。

『暎咭唎国訳語』の編纂過程の推定は、語彙集全体を見て総合的に考えるという方法によって行わなければならない。

### 4-2-4　編纂過程に関する私見

筆者の推定する『暎咭唎国訳語』の編纂過程の概略は次の通りである。すなわち、まず中国語の見出し語の翻訳と注音がポルトガル人の支援を受けて行われた——翻訳と注音はもちろん同時的に行われた——。そして、その後広東英語を知る校閲者が自身の英語の知識に基づいて一部の項目の注音を書き換えた。その際、校閲者は英字で書かれた訳語を書き換えるための知識を持たなかったために、漢字による注音だけを書き換えて訳語はそのまま残した。その結果として訳語と注音の不一致が発生した。

この考えを図式化して示せば図10のようになる。

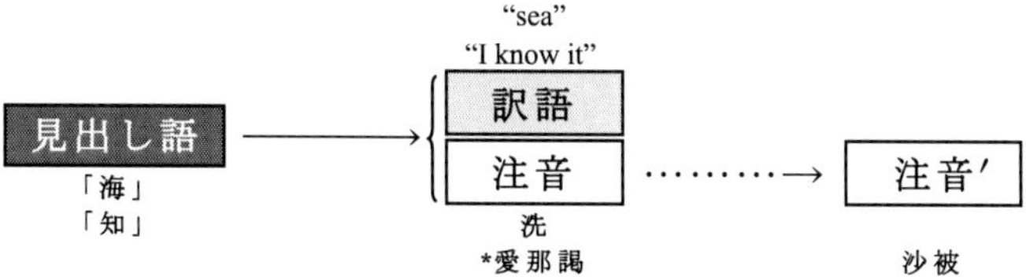


図10　『暎咭唎国訳語』の編纂過程——私見

「海」の場合は、それがseaと訳されると同時に「洗」と注音され、その形で最終的に決着した。それに対し、「知」の場合は、まずI know itと訳され、同時に「愛那謁」(推定) などのように注音されたが、事後の段階において校閲者が注音を「沙被」(savvy) に書き換えた。

筆者のこの見解に、従来の2種類の説と同様に名を与えるとすれば、「注音校閲説」である。訳語と注音の準備が一通り終わった後で、校閲者が一部の項目の注音に手を加えたということである。

ただし、実際の校閲の過程は多少異なるものであったということも考えられる。以上の説明は、注音の書き換えが注音者とは異なる人物によって行われたとの想定に基づいているが、注音者自身が校閲を行った可能性も排除できないからである。すなわち、いったんポルトガル人の話す通りに書き留めた注音者が後で自身の知識に基づいて書き換えたなどの可能性である。しかし、限られた情報に基づいて編纂の過程を精密に推定することはむずかしい。もし訳語と注音が一致している場合と一致していない場合とで注音字の選択に明確な差があるという事実が確かめられれば注音者と校閲者が別の人物であったことの証拠になるが、確認の限りではそうした差を見出すことはできなかった。

### 4-2-5　校閲の種類

訳語と注音の不一致を生み出した、校閲者による注音の書き換えにはいくつかの種類のものがある。

#### (A) 訳語の訂正、改善

まず、訳語の訂正ないし改善を目的とすると見られる注音の書き換えがある。例えば、次のような事例がある。

布 cotton stuff 葮喇時 (衣服門94)

水晶 water colour stone 嫁喇撒士鏊 (珍宝門145)

誰 him 呼 (人事門164)

人夫 a lady 姑厘（人事門 182）

最初の例では、「布」が cotton stuff、“木綿のもの”と訳されたのを、注音では「葭喇時」、すなわち、cloth に変えている。第 2 の例では、「水晶」が water colour stone、“水の色の石”と訳されたのを、注音では「嫁喇撒 士整」、すなわち、glass stone、“ガラス石”に変えている。第 3 の例では、「誰」が誤って him と訳されたのを、注音では「呼」、すなわち、who に訂正している[22)]。第 4 の例の a lady という訳語はおそらく見出し語の「人夫」を「夫人」と見誤ったことに起因する誤訳であろう。注音ではそれを「姑厘」、すなわち、coolie、“苦力”に訂正している[23)]。

次のような事例では訳語中のあってはならない要素が省かれている。

懶惰 a lazy young man 烈日（人物門 52）

漆 lacquered wan 猟葭（器用門 71）

鳴 a singing bird 醒（鳥獣門 133）

「懶惰」の“懶惰な若者”という不適切な訳語から無用の“若者”を省いて「烈日」、すなわち、lazy としている。同様に、「漆」が“漆塗りの椀”と訳された――訳語に含まれる wan は中国語の「椀」であろう――のを「猟葭」、すなわち、lacquer とし、「鳴」が“鳴いている鳥”と訳されたのを「醒」、すなわち、sing とすることによって訂正している。

次の項目における注音の書き換えもやはり誤訳の訂正と見ることができる。

別 to take leave 阿達（人事門 164）

訳語の to take leave は「別」を“別れる”の意の動詞に解したもので

---

22）ただし、「誰」を him に誤訳するということは考えにくいので、この事例は後の浄書の段階で生じた混乱であるのかも知れない。すなわち、直前の項目は「他 he 喜」であるが、そこに当初訳語として him も併記されていた、それが誤って who の訳語として書かれてしまったということかも知れない。もしそうだとすれば、「誰」の項目は本来正しく「誰 who 呼」と書かれていたと推定され、校閲者による訂正の事例ではないことになる。

23）現に『西番訳語』において対応する位置にある項目は「人夫」である。それにしても、縦書きの「人夫」が「夫人」と誤読されることは考えにくいので、翻訳の作業の段階では図 3 に見る『西番訳語』のように見出し語も横書きだったのであろう。

あるが、校閲者はそれを“別の”という意味に解して注音を「阿達」、すなわち、other に変更している。この項目だけを見たのではもとの訳語が誤りだとも言えないが、この項目は代名詞類と「自」の項目の直後に配置されており、校閲者はそれらとの類縁において“別の（人)”のような意味が意図されていると考えたのではないかと思われる。実際、語彙項目が大幅に増補された『華夷訳語』丁種本第１類の語彙集（2-1）では、「別」の項目は「自」「諸」「其」の３項目に続けて配置されている。

以上のような事例においては、いずれも注音の表現が適切な翻訳で、英字で書かれた訳語のほうに問題があるという関係にある。すなわち、“注音に問題があれば訳語で訂正した”とする先注後訳説には正面から衝突することになる。

### （B）ポルトガル語から英語への変更

次に、ポルトガル語の訳語を英語の訳語に置き換えた項目がある。

弟 *irmão menor* 仰模羅達（人物門 41）

明緑 *verde claro* 加喇宜嗹（声色門 102）

浄 *limpíssimo* 密里咭嗹（人事門 187）

「弟」「明緑」「浄」がポルトガル語に訳されたのを、注音では英語の表現に変更している。すなわち、「仰 模羅達」は young brother、「加喇 宜嗹」は color green、「密里 咭嗹」は very clean であろう。

こうした事例においても、英語の語彙集における翻訳として適切なのは訳語ではなく注音のほうである。やはり先注後訳説に矛盾する事実である。

次に示す「拝」の項目においても同様にポルトガル語の訳語が別の訳語に変更されている。

拝 *venerar* 納歇（人事門 173）

この注音はおそらく「納 歇」、knock head であろう。同じ注音が「叩頭」の項目でも誤訳の訂正に使われている。

叩頭 make a bang 納歇（人事門 183）

ここでは“額を地に付けて拝礼する”ことを表す「叩頭」が“(大きな音がするほど）たたく”と誤訳されたのを、やはり「納歇」、knock head に訂正している[24]。

なお、次の例はポルトガル語の訳語に対する注音に英語の表現の注音を加えた形になっている。

日 *dia* 笋爹亜（時令門 29）

すなわち、「日」を *dia* と訳して「爹亜」と注音していたところに、校閲者が「笋」、すなわち、sun を書き加えた、あるいはむしろ、校閲者は「爹亜」を「笋」に書き換えたつもりだったが、浄書時に両方が書写されてしまったということではないかと考えられる[25]。

### （C）正統な英語からピジン英語への変更

正統な英語から校閲者のなじんだピジン英語への変更の事例もある。

---

24）聶・王（2011）は「拝」の項目における注音の「納歇」を nod head だとしているが、「叩頭」の項目との関係も考えれば、単にうなずくということではなく、額を地に付けて拝むということであろう。時代は下るが、Samuel Wells Williams *A Tonic Dictionary of the Chinese Language in the Canton Dialect*『英華分韻撮要』（1856 年）は「叩」の項目で次のように説明している。ここには「叩頭」のほか、knock head と kotow という英語表現が出て来る。

叩 K‘au　To ask; to prostrate, to knock head on the ground, when saluting a superior or in worship; （中略）; *k‘au t‘au,* the kotow; *sam kwai kau k‘au,* three kneelings and nine knockings — the highest act of worship; （後略）（求める；敬礼または礼拝の際にひれ伏す、額を地に付ける；「叩頭」、英語の kotow；「三跪九叩」、3 度跪き 9 度額を地に付ける—最高の敬礼法）

なお、編纂を主事した中国人が「叩頭」という表現を知らなかったのか、また、校閲者の英語の知識に knock head のような表現が含まれていたのかという 2 つのことが疑問として残る。

25）ただし、「日」の項目における「笋」、sun の追加は一種の誤訳である。この「日」は「時令門」に時間表現の 1 つとして挙げられているもので、正しくは sun ではなく day を使う必要があった。

注音の追加の事例には、英語の表現の注音にさらに別の表現を加えたものもある。

地 ground 餓朗乾的利（地理門 13）

「餓朗」が ground の注音で、そこに「乾的利」、すなわち、country が追加されている。これについても、校閲者の意図は追加でなく変更であった可能性もある。こうした注音の追加は、筆者の見落としがなければ、「日」と「地」の項目に見られるだけである。

特に目を引くのは、ピジン英語に固有の表現、いかにもピジン英語らしい表現への書き換えである。

まず、ポルトガル語やスペイン語に由来する語の例がある。

神 spirit 呀是（経部門 107）

知 I know it 沙被（人事門 169）

傘 umbrella 咭的梭（器用門 77）

「神」を表す「呀是」は joss、「知」を表す「沙被」は savvy である（2-3）。「傘」の項目に注音として書かれた「咭的梭」は、Hill（1920）の記述を参考にして判断すれば、日傘を表すスペイン語起源の語であろう。Hill がスペイン語の quitasol に由来する広東英語として kittysol とローマ字化して示し、“柄と骨を竹で作り、油紙を張った中国と日本の傘”、すなわち、唐傘として説明しているのがこの「咭的梭」だと考えられる[26)]。

また、正統な英語から文法上あからさまに逸脱した言い回しの例もある。

不見 I have never seen him 那西（人事門 181）

不到 He is not come yet 哪敢一（人事門 181）

是我 It is me 買（人事門 186）

「不見」を意味する「那 西」は No see、「不到」を意味する「哪 敢一」は No come yet である（2-3）。第 3 の例の「買」は my である。It is me の me を my に変えるのは一見不可解なことであるが、Williams（1836）には my を主格に用いた広東英語の文例が挙げられている。また、Hill（1920）は、広東英語の my は格、数の如何を問わない一人称代名詞であり、英語の I cannot を My no can、pay me を give my と言うと説明している。

次のような事例においても、注音で示されているのはおそらくピジン

26）日傘はポルトガル語では *guarda sol* となる。「咭的梭」という注音の「咭」の字はここでは［ki］という発音を示していると見られ、スペイン語 quitasol の発音に適合する。

英語において生じた表現であろう。

永遠 many years 梭暮你以呀朗（時令門 35）

真実 It is very exact 度魯俺度魯（人事門 178）

全 total 亜喇列示（人事門 172）

衆 a crowd of people 没住亜喇蛮（人事門 173）

相同 the same sort 亜喇完所（人事門 185）

「永遠」と「真実」の各項目に注音として書かれた「梭 暮你 以呀 朗」と「度魯 俺 度魯」はそれぞれ so many year(s) long、true and true であろう。それ以外の例における、訳語に明らかに一致しない注音がそれぞれどのような表現を表しているのかは詳らかでないが、「亜喇 列示」は all this、「没住 亜喇 蛮」は much all man、「亜喇 完 所」は all one so（ないし sort）といったところかも知れない。

次のような事例においては、標準的な英語では必要のない副詞が追加されているものと見られる。

来 to come 甘朗（人事門 166）

走 to run 輪唛（人事門 167）

各項目の注音はおそらく「甘 朗」、すなわち、come along、「輪 唛」、すなわち、run away であろう。

以上のような書き換えの場合には訳語が標準的な英語、注音が非標準的な英語という関係にある。先注後訳説が通用するのはこの種の事例だけである。

ピジン英語がすべてピジン英語に固有の表現で構成されているわけではない。次に示すような事例では書き換え後の表現も正統な英語の要素である。しかし、これらも校閲者の知るピジン英語の一部だったということではないかと考えられる。

起 to rise 擬勒（人事門 168）

遅 very slowly 都列（人事門 170）

可惜 to grieve 沙厘（人事門 180）

「起」の項目では、to riseを「擬 勒」、すなわち、おそらくget upに変え、「遅」では“遅く、ゆっくり”から“遅い、遅すぎる”の意の「都列」、すなわち、too lateに変えている。「可惜」では動詞のgrieveを「沙厘」、すなわち、平易な形容詞のsorryに書き換えている。こうした事例においては、注音で示された表現が正統な英語でそのまま通用する。したがって、これらも先注後訳説では説明の付かない例となる。

なお、次の「銀」の項目の注音における書き換えは結果的に誤訳となっている。

銀 silver 捫你（珍宝門142）

「銀」は「珍宝門」で金属の名称の1つとして挙げられており、英字で記されたsilverという訳語が正しいが、校閲者はそれを「捫你」、すなわち、moneyに書き換えている。見出し語の語彙集中での位置付けを考えることなく書き換えたために不適切な訳語になっているわけであるが、校閲者が「銀」という語を見てまず念頭に浮かぶのが貨幣の意味だったということであろう。そして、それはまた、語彙の限られたピジン英語には金銭を表す語はあっても金属の種類を表す語はなかったということでもあるかも知れない。

## (D) 表現の簡略化

次のような事例は校閲者が不要と判断した訳語中の要素を省いたものと見られる。いずれも訳語にある修飾語の類が注音にはない。

盆 soup dish 里是（器用門70）

宿 a bird's roost 魯叔（鳥獣門133）

照例 old custom 格参（通用門197）

「盆」（大皿）のsoup dishという訳語からはsoupを省いてdishだけの注音としている。「宿」では訳語a bird's roostからa bird's、「照例」（慣例の通りに）では訳語old customからoldを省いた形の注音としている。

「盆」の訳語のsoupは現に不要である。したがって、先注後訳説を前提として考えれば、注音に問題がないのになぜわざわざそれを加えたのかという問題が生じることになる。「宿」と「照例」に関しては訳語、注音ともに見出し語との対応に問題があるが、校閲者は修飾語は不要と考えたのであろう。

ただし、表現の簡略化については、その発生の経緯に不透明な要素がある。訳語に含まれる機能語が注音にない項目の例はすでに見た（2-3）。この種の事例は非常に多い。

馬 a horse 哈実（鳥獣門 131）

外 the outside 欧曬（方隅門 120）

前殿 before the palace 必夥児 罷喇色（宮室門 66）

打 to beat 密（人事門 171）

これらの例においては訳語にある冠詞や不定詞の to が注音にはない[27]。同様の状況は見出し語がポルトガル語に訳されている項目にも見られる。

粉紅 *cor de carne* 哥児 乾尼（声色門 102）

「粉紅」、すなわち、“桃色、ピンク”がポルトガル語を使って *cor de carne*、すなわち、color of flesh（meat）、“肉の色”と訳されているが、そこに含まれる前置詞の *de* が注音にはない。

注音における機能語の不在は重要度が低いと見なされた要素の省略の結果であろう。しかし、そう言っただけではすませることのできない問題がここにはある。その省略を誰がどのようにして行ったのかということである。校閲者が省略を行うには、例えば「前殿」の訳語が「必夥児達罷喇色」などと注音され、「粉紅」の訳語が「哥児的乾尼」などと注音されているのを見て、まずそれを単語に分解し、そこに含まれる「達」「的」が機能語の the や *de* であることを見抜く必要があるからである。

27）冠詞はあらゆる項目の訳語の注音において省かれており、例外はおそらく次の１項目だけである。

今日 the *dia* 的 礼亜（時令門 33）

不定詞の to も多くは省かれているが、いくつかの項目では注音されている。

請 to invite 多 因唛（人事門 167）

しかし、ピジン英語を話す校閲者が、そのような作業を行えるまでに正統な英語とポルトガル語に通じていたとは考えがたい。そしてまた、同様の理由により、注音の段階で簡略化が行われたということも考えがたい。

機能語の省略が注音者や校閲者によるものではないとすれば、ポルトガル人が完全な訳語を書きつつ、口頭では機能語を省いて読み上げたという可能性を考えなければならなくなる。しかし、句頭の冠詞や to はともかく、句中の機能語を省いて読むということもまた少々想像しにくく、真相は不詳とせざるを得ない。

### （E）その他の変更

以上の分類に収めにくい書き換えの事例もある。

まず、次のような項目では、問題のない訳語の注音を別の表現に書き換えている。

入 to go in 甘引（人事門 168）

敬 honour 利是必睹（人事門 172）

「入」では訳語の go in が注音では「甘 引」、すなわち、come in に書き換えられている。「敬」では、honour が「利是必睹」、すなわち、respect に変更されている。校閲者が使い慣れた表現に変更したということかも知れないが、確かなことは言えない。

また、次のように英語の訳語とポルトガル語の注音という組合せになっている事例も少なからずある。

塵 dust 波児咤（地理門 22）

昼 day 礼耶（時令門 31）

太平 a《(ママ)》 peace 巴士（人事門 182）

「塵」は訳語は英語の dust であるが、注音ではポルトガル語によって「波児咤」、おそらく、*poeira* とされている。同様に、「昼」の訳語 day に対応する注音は「礼耶」、すなわち、*dia*、「太平」の訳語 a peace に対応する注音は「巴士」、すなわち、*paz* である。

こうした事例をどのように理解すればよいかも判断がむずかしい。筆者に考え得る解釈は3つある。その第1の候補は、ポルトガル人が訳語を英語で書きつつポルトガル語で読み上げたというものである。現にそのようなことが行われたと考えられる事例がほかにあるからである（後述）。さもなくば、校閲者の知るピジン英語にそのようなポルトガル語の表現が混じっていたか、校閲の作業は注音だけでなく訳語についても行われたということであろう。しかし、判断のための証拠が乏しく、そのいずれであるとも決しがたい。

## 4-3　編纂の作業と分担

筆者の考える『暎咭唎国訳語』の編纂過程は以上に述べた通りであるが、ここであらためてそれを編纂者の作業分担の観点から見直すことにより、編纂の状況を可能な範囲でより具体的に復元する。

『暎咭唎国訳語』の編纂においては各項目について以下の一連の作業が行われたと考えられる。

（1）翻訳と注音

（a）中国人が見出し語を読み上げ、その意味を身振りや描画も使って説明した。

（b）ポルトガル人がそれに基づいて翻訳し、訳語を筆記するとともに読み上げた。

（c）中国人が訳語の読み上げを聞いて漢字で注音した。

（2）校閲

広東英語を知る中国人校閲者が事後に注音を校閲した。

これらの作業を分担して行った人の正確な数は分からない。（1a）で見出し語を読み上げた中国人はおそらく英語を知らなかったであろうから――もしピジン英語を知っていれば訳語にその反映が観察されてもよさそうなものであるがそれがほとんどないので、当の中国人はもっぱら中国語で話したものと推定される——、(2) の校閲者とは別人だと考えられる。また、(1a) の段階の作業には見出し語を説明するための絵を描く任務を担った中国人も関わった——同一人物が見出し語を読み上げ、絵も描いたなどの可能性も考えられなくはないが、ここでは議論の簡潔のために絵を描いた人はその任務だけを担ったものと仮定する——。(1a) の見出し語の読み上げと (1c) の注音、もしくは、(1c) の注音と (2) の校閲は同一人によって行われた可能性もあり得る。

したがって、作業者数の最小の見積もりは、(1a) の見出し語の読み上げと (1c) の注音を行った中国人、(1a) で絵を描いた中国人、(1b) の翻訳を行ったポルトガル人、(2) の校閲を行った中国人の4人——もしくは、(1a) で見出し語を読み上げた中国人、(1a) で絵を描いた中国人、(1b) で翻訳を行ったポルトガル人、(1c) の注音と (2) の校閲を行った中国人の4人——となる。(1a)、(1c)、(2) がすべて別人によって行われたとすれば1人増えて5人になる。そして、同じ種類の作業が複数人の分業によって行われた可能性もあるので、編纂者の最大数は定めることができないことになる。

## 5　語彙集の基本的性格

『暎咭唎国訳語』にピジン英語の表現が含まれることから、黄 (2010) と聶 (2019) はそれがピジン英語の語彙集であると結論付ける。

> 它才真正称得上是中国现存最早的中英对照且以汉字标音的“Pidgin 英语”词语集。(『暎咭唎国訳語』こそ現存する最古の中英対訳かつ漢字による注音を有する“ピジン英語”の語彙集と呼び得るものである。)
>
> (黄 (2010))

> 《暎咭唎国译语》为明清时期“华夷译语”的一种，是汉语和早期广东

地区“中国皮钦语”的对照辞书。(『暎咭唎国訳語』は明清期の『華夷訳語』の一種で、中国語と広東地方における早期“中国ピジン語”の対訳辞書である。)

(聶(2019))

しかし、『暎咭唎国訳語』のそのような評価は、語彙集のきわめて限定的な範囲の事実を語彙集全体に当てはまるものとして誤認したものである。

注音にはピジン英語や簡略化された英語表現が現れるが、そのような場合でも英字で書かれた訳語はその大半が正統な英語である。4.2.5 (C) に挙げた、注音がピジン英語になっている「人事門」の項目の例で言えば――「人事門」の項目の訳語には文や句の形をした複合的な表現が多いことから、単独の名詞や動詞の翻訳と異なり、規範的な英語からの逸脱が起きやすい――、I know it、It is very exact、I have never seen him、He is not come yet、a crowd of people などの文や句があった。「人事門」以外の門から数例示せば次の通りである。

継父 father in law 法達 因 喇(人物門 51)

被 quilt for a bed 客 眉哆(衣服門 92)

医書 doctor's book 楽哆 目(文史門 116)

不聴 I can't hear 堅 熙牙(通用門 197)

不許 You must not do it 有 母斯 哪 多(通用門 202)

英字で書かれた訳語はいずれも完璧な英語であり、そこにはピジン英語の要素の片鱗もない。読みにくい筆跡で書かれ、綴りが誤っているとしても――本稿では綴りの誤りは訂正して引用している(2-3)――、そのことは訳語がピジン英語であることを意味しない。『暎咭唎国訳語』にはポルトガル人の英語知識の不足に起因する不正確な訳語もあるが、それもまたピジン英語ではない[28]。

28) 例外的に、ポルトガル人の書いた訳語があからさまなピジン英語だと見られる項目が1つある。注音も訳語に一致している。

不尽 No can clear 哪 敢 極列亜(人事門 190)

これをどう解釈してよいかは不明である。

しかも、注音には校閲者に由来するピジン英語が混入していると言ってもそれはごくわずかであり、ピジン英語と判断できる事例は734件の語彙項目を通じて10件を大きく上回らない。それとは対照的に、訳語へのポルトガル語の混入例はきわめて多く、筆者の粗い見積もりによれば160件余りにのぼる。

したがって、『暎咭唎国訳語』はピジン英語ではなく正統な英語の語彙集であり、そこに大量のポルトガル語とわずかなピジン英語が混入していると考えるのが適切な理解である。

聶・王（2011）は、『暎咭唎国訳語』に各種の誤りが頻出することについて、当時の広東英語がポルトガル語の要素を多く含み、広東英語話者の英語や中国語もまた純正のものでなかったからだと述べている。しかし、上述の通り、『暎咭唎国訳語』への広東英語、すなわち、ピジン英語の混入はきわめて限定的で、それを語彙集の基本的な特徴と見ることはできない。私見によれば、『暎咭唎国訳語』における錯雑の核心的な原因は、この語彙集が中国人と、中国語をよく知らず英語の知識も限られたポルトガル人とのあいだの不自由な意思疎通に基づいて編まれたことにある。誤りや混乱の圧倒的大多数は広東英語の反映ではない。

## 6　補説　「世界」の誤訳

最後に、『暎咭唎国訳語』の特定の項目に関する問題について述べる。

平易な見出し語で訳語も平明な英語でありながら、明白な誤訳で、かつ、誤訳の原因の特定がむずかしいことで興味をそそるのが「世界」の項目である。「世界」がなぜか good time と訳されているのである。

世界 good time 個多 低墨（地理門23）

図 11　「世界」の項目

ポルトガル人が world という語を知らなかったわけではない。同じく「地理門」にある「天下」の語は次のように world を使って訳されている。

天下　whole world　嚬嚧　完児（地理門 24）

聶（2019）は、「世界」の good time という訳語について、翻訳を主事した役人が官話で読み上げた「世界」を、広東語を母語とする翻訳者が「時間」と聞き誤った――すなわち、「世界」の発音の後ろに子音 n があるものと受け止めた――ために生じた誤訳だとしている。しかし、中国語で「時間」が現代におけるような意味を表す名詞として広く使われるようになったのはおそらく日本語の影響による 19 世紀末以後の現象であり――中国で 19 世紀に編まれた各種の英語辞典、学習書における time の訳語は「時」「時候」「時節」「光陰」などである――[29]、そのような解釈には無理がある。加えて、訳語における good という形容の存在理由を説明していないという問題もある。

この謎めいた誤訳に関する筆者の憶測をあえて記せば、good time と

29）日本語においては「時間」という名詞が 1840 年代までに成立したことが知られている。松井（2008a, 2008b）によれば、それは時の長さ、量を表すために作られたものであった。そして、「間」の字の選択には、現代語の分かりやすい例に置き換えて言えば「1 年の間《あいだ》」や「睡眠の間《あいだ》」のような表現の存在が関わったのだろうと言う。他方、中国語で「時間」の名詞としての用法――主語や目的語などとしての使用――が一般化したのは 20 世紀である。

いう訳語はポルトガル人が *bom tempo* という訳語を思い浮かべてそれを英語に直訳したものであった。ポルトガル語の *tempo* は、他のロマンス諸語の同源語と同じく、time に加えて weather の意も表す。中国人が描いて見せた“世界”の絵で天に太陽が輝いていたことから“よい天気”という翻訳になったということである。

『暎咭唎国訳語』において time と *tempo* の“相通”はほかの項目にも見られる。

時常 several times 賒微里 点（時令門 35）

ここでは、「時常」、“しばしば”が several times と訳され、その times は「点」と注音されている。英語の不正確な発音の記録でないとは言い切れないが、ポルトガル人はおそらく times と書きつつ *tempo* と読み上げたのであろう。

## 7　おわりに

外国語語彙集として特異な性質を有する『暎咭唎国訳語』の編纂者と編纂過程を推定し、関連するいくつかの問題について考察した。従来の研究はいずれも同書の目を引く要素——英字の筆跡上の特徴や誤り、ピジン英語の混入、訳語と注音の不一致など——の断片的な観察に頼って結論を下していた。資料の正しい理解のためには、その全体の観察に基づく総合的な考察、判断が必要である。

ポルトガル語に関わるものを中心として、訳語や注音を解読できなかった項目も多い。また、適切な解釈を与えることのできなかった問題もいくつかある。中国語を満足に話せず、英語の知識も不十分なポルトガル人が中国人から説明を受けつつ翻訳を行った結果としてしばしば誤訳が生じたと考えたが、その割には意味の説明のむずかしそうな見出し語が正しく訳されている事例もあるのはなぜか——ポルトガル語に訳されたものもあるにせよ ── という疑問も残っている。今後、資料のさらに正確な読解と分析に基づいてここで述べた推定の不足と誤りが補訂され、この語彙集、ひいては、アジアにおける英語学習の初期相に関する理解が深まることを期待したい。

**【参考文献】**


石田幹之助（1931）「女真語研究の新資料」桑原博士還暦記念祝賀会編『桑原博士還暦記念 東洋史論叢』（弘文堂書房）

大友信一・木村晟《あきら》編（1968）『日本館訳語―本文と索引―』（洛文社）

田野村忠温（2017）「日本最初期英語研究書の依拠資料と編集」『待兼山論叢』第51号文化動態論篇（大阪大学大学院文学研究科）

田野村忠温（2018）「新出資料『華英通語』道光本と中国初期英語学習書の系譜―附論 福沢諭吉編訳『増訂華英通語』―」『大阪大学大学院文学研究科紀要』第58巻

田野村忠温（2020）「北京故宮博物院蔵『華夷訳語』丁種本第1類の分析―西洋館訳語の編纂とドイツ語の名称の問題を中心に―」『待兼山論叢』第54号文化動態論篇（大阪大学大学院文学研究科）

西田竜雄（1970）『西番館訳語の研究―チベット言語学序説―』（松香堂）

松井利彦（2008a）「近代日本語における《時》の獲得―新漢語『時間』と『期間』の成立をめぐって―」沈国威編著『漢字文化圏諸言語の近代語彙の形成―創出と共有―』（関西大学出版部）

松井利彦（2008b）「幕末における時長表現語―『時刻』、そして『時限』から『時間』へ―」『近代語研究』第14集

故宮博物院編（2018）『故宮博物院藏乾隆年編華夷譯語』全18巻（故宮出版社）

韩丽娜（2008）『《英吉利国译语》研究』（吉林大学硕士论文）

黄兴涛（2010）「《嘆咭唎国译语》的编撰与“西洋馆”问题」『江海学刊』2010年第1期（江苏省社会科学院）

聂大昕（2019）「《嘆咭唎国译语》编纂流程考」『北方民族大学学报（哲学社会科学版）』2019年第1期

聶大昕・王洪君（2011）「《嘆咭唎國譯語》、《播呼都噶禮雅話》簡介―從兩部尚未交佈的官方雙語辭書看清代早期廣東的語言和社會」李向玉主編『澳門語言文化研究（2009）』（澳門理工學院）

香港語言學學會粵語拼音字表編寫小組（2002）『粵音拼音字表（第二版）』（香港語言學學會）

中国历史大辞典・清史卷（上）编纂委员会编（1992）『中国历史大辞典・清史卷（上）』（上海辞书出版社）

Di, Xuan (2005) ‘An 18th century English-Chinese dictionary’. Unpublished ms.［言語学の未刊行論文を掲載するノルウェーのトロムソ大学（Universitetet i Tromsø）の Web サイト LingBuzz（https://ling.auf.net/buzzdocs/）で公開されているのを 2020 年 1 月に取得した。］

Fuchs, Walter（1931）'Remarks on a new "Hua-I-I-Yü《（華夷訳語）》"'. *Bulletin of the Catholic University of Peking,* No. 8.（『輔仁英文學誌』第 8 期）

Hill, A. P.（1920）*Broken China: A Vocabulary of Pidgin English*. Shanghai: A. P. Hill, & C. B. Weiss.

Nie, Daxin and Wang Hongjun（2015）'An introduction to *An English-Chinese Dictionary* and *A Portuguese-Chinese Dictionary* — Views on the language and society in Canton area from two unpublished official collative dictionaries compiled in the 18$^{th}$ century'. *Journal of Literature and Art Studies,* Vol. 5, No. 11. Wilmington, Delaware: David Publishing Company.

Shi, Dingxu（1991）'Chinese pidgin English: Its origin and linguistic features'. *Journal of Chinese Linguistics*, Vol. 19, No. 1. Berkeley, California: Project on Linguistic Analysis, University of California, Berkeley.

Williams, Samuel Wells（1836）'Jargon spoken at Canton: how it originated and has grown into use; mode in which the Chinese learn English; examples of the language in common use between foreigners and Chinese'. *The Chinese Repository*, Vol. 4, No. 9.

**【付記】** 本稿は『大阪大学大学院文学研究科紀要』第 61 巻（2021 年）に掲載した同題の拙文に改訂を施したものである。ただし、分量の関係で一部の節を省いた。

# チベット語譯『大唐西域記』中の「今地名」注記[1]

高　田　時　雄

## はじめに

玄奘三藏がその西天取經の行程を記した『大唐西域記』は、七世紀初頭の中央アジア及びインド諸國について、その氣候、地理、宗教、風俗、傳説などを詳細に記録しているため、第一級の資料價値を有する著作として珍重されている。しかるに『大唐西域記』のチベット語譯は長く存在せず、ようやく清朝中期に至って、モンゴル人學者工布查布によるチベット語譯[2]が出現したが、寫本として流傳するのみで公刊されなかったため、廣く流布することはなかった。現在利用し得るほとんど唯一の寫本である大谷大學藏本には、所々に「今地名」の注記が見られる。小文は、その「今地名」の性格を窺う試みである。

## 1　藏譯のテキスト

大谷大學の教授であった佐々木教悟（1915-2005）は、早く 1953 年に

---

1）小文は《敦煌學》第 36 期（2020 年 8 月）に掲載した拙文「藏譯本《大唐西域記》寫本中所見「今地名」注考」（中國語）に僅かな訂正を施した日本語版である。

2）題名は rgya nag skad du（漢語で）Ta thang si'i yus kyis（大唐西域記）、bod skad du（チベット語で）chen po thang gur dus kyi rgya gar zhing gi bkod pa'i dkar chag（大唐朝期のインド地誌）と書かれている。

「チベット譯『大唐西域記』について」[3]を發表し、大谷大學所藏寫本について簡單な紹介を行ったが、1988年に至って寫本全部の鮮明な影印に解説を付して刊行した[4]。かくして『西域記』藏文譯の存在が廣く學界に知られることになった。その後、王堯氏が藏譯『西域記』につき紹介する所があったが[5]、これは基本的に佐々木の影印本及び解説を基礎としたものである。大谷大學本はまた佐々木の影印に先だって、モンゴル科學院のビラ教授（Шагдарын Бира）によって影印が出版されているが、佐々木によれば「不鮮明で使用には不十分」とされる[6]。

『西域記』藏譯本で現在確認できるものに二種ある。第一種は大谷大學所藏本だが、拉薩で發見された別の一寫本があり、それに據った漢文原文との内容比較が發表されている[7]。しかしながら、拉薩本には大谷本にあるような「今地名」の注記は報告されていない。

## 2　譯者工布查布

大谷本の末尾、dam po bcu pa rdzogs（第十卷終）に續けて、譯者の附言があり、'di'i mjug tu thang gur gyi sde snod gsum pa lo chen theg

3）佐々木教悟「チベット譯『大唐西域記』について」、『印度學佛教學研究』第2卷第1號（1953年9月）、72-74頁。

4）『大唐西域記：西藏語譯』（大谷大學所藏西藏藏外文獻叢書之一）, 1988年。これには佐々木による解説「チベット譯『大唐西域記』について」（15頁）が附いている。

5）王堯〈《大唐西域記》藏譯本及譯者工布查布〉,《法音》月刊, 2000年第12期, 第20-24頁。

6）佐々木、上掲解説、1頁。«Да тан си юй цзи» Сюань Цзана в тибетском переводе Гуна Гомбожава（Tibetan translation of Hsuan Tsang's «Ta-tang-Si-yu-ki» made by Gung Gombojab）, *Monumenta historica Instituti Historiae Academiae Scientiarum Respublicae Populi Mongolici*, tomus VI, fasciculi 2, Улаанбаатар, 1974. ただし筆者未見。

7）馬久、阿才〈《大唐西域記》藏譯本校勘〉,《世界宗教研究》1984年第3期, 1-34頁。著者はともに西藏社會科學院の研究者。該文の末尾には不鮮明な書影二枚が付されていて、それによれば大谷本が毎半葉七行であるのに對し、拉薩本は六行という形式上の相違もある。

chen lha'i rnam thar phyogs gcig tu bkod pa ni / bdag gi rgya nag chos byung du lo chen de'i rnam thar mdor bsdus bsgyur yod par don gyis thob pas yang bsgyur ma dgos so //（この終に、唐の三藏法師大譯師大乘天の傳を併せ載せたものは、私の《漢區佛教源流》に彼の大譯師の傳を簡單に譯したものがあって知られるので、再度譯する必要はない）という。大乘天（即ち玄奘）の傳というものが、『西域記』卷末の辯機による「讃」を指すものであることは疑いなく、譯者はすでにこれを自身の著作《漢地佛教源流》に抄譯してあることを述べる。ではこの譯者が誰であるかというと、續く校訂者[8)]の一文に、si'i yus kyis zhes bya ba 'di rgya nag gi bstan 'gyur du yod pa kung mgon po skyabs kyis bod skad du bsgyur ba（この『西域記』と稱するものは、中國のテンギュル中にあり、工布查布によってチベット語に譯された）とあり、はっきりと譯者の名が明記されている。

工布查布はモンゴル人の學者で、北京で西番學總管の地位にあり、蒙、藏、漢語に通じ、それぞれの言語で著作を殘している。上に觸れた藏文の《漢區佛教源流》(Rgya nag chos 'byung)[9)]以外にも、モンゴルの年代記《恆河之流》(Gangga-yin urusqal)[10)]があり、また藏文から譯した漢文《造像量度經》[11)]などはよく知られている。

---

8）校訂者の名は文末に、mchod rten dkar po'i dgon gyi ja sag bla ma cha kan zhabs drung bskal bzang dge legs rgyal mtshan（白塔寺札薩喇嘛察罕夏仲噶桑格來堅參）と記してある。この人物についてはよく分からない。

9）具名はRgya nag gi yul du dam pa'i chos dart shul gtso bor bshad pa blo gsal kun tu dga' ba'i rna rgyan. その著作年代は十八世紀の中後期或いは十八世紀末ともされるが、書中に「いま乾隆元年（1736）」という記載があることから、少なくともこの年に初稿が完成していた可能性がある。先巴《清代番學總管工布查布學術背景及其學術交往》《西藏大學學報（社會科學版）》2019 年第 4 期（總第 140 期）、43 頁を參照。

10）雍正三年（1725）成書。工布查布の著作としては最も早いものの一つ。

11）乾隆七年（1742）成書、乾隆十三年（1748）刊行。同治三年（1874）の金陵刻經處版、及び明治十八年（1885）、今泉雄作が訓點を施し、梵語音釋を附した東京弘文社本が比較的流布する。また近年の出版に、李鼎霞、白化文編著：《佛教造像手印·造像量度經》（中華書局，2011 年 9 月）がある。

工布查布[12]については、近年來、蒙文史料による烏雲畢力格の研究[13]、藏文史料による先巴の研究[14]などによって、かなり明らかになってきたのは幸いである。それらによれば、工布查布はもと烏珠穆沁（内蒙古錫林郭勒盟に屬する一旗）王家に連なる家柄であったが、康熙二十九年（1690）、その伯父車臣親王蘇達尼の夫人等が噶爾丹の侵入に加擔した嫌疑で、多數の處刑者を出し、烏珠穆沁旗は甚大な挫折を蒙ることとなった。工布查布の叔父のAdali（阿達禮）も處刑された一人である。清朝は叛亂勢力を淘汰する一方で、烏珠穆沁の懷柔をも畫策し、康熙三十一年（1692）、工布查布の父Udali（鄔達喇希）に輔國公を追贈することとした。Udaliはすでに死んでいたので、工布查布が輔國公を襲爵した。藏譯『西域記』の校訂者跋文に譯者名をkung mgon po skyabsとするが、kung（公）を冠しているのは、この襲爵に由るものである。しかしこの輔國公の爵位は康熙五十四年（1706）或いはそれより少し前に、何らかの罪を得たために除かれている[15]。工布查布が番學總管であったことは上にも觸れたが、彼はまた母語である蒙文への飜譯にも關わっていたらしい。工布查布は藏文から幾つかの佛典を漢譯しており、《造像量度經》以外に、《藥師七佛供養儀軌如意王經》[16]、《佛說彌勒菩薩發願王偈》[17]があり、そこには「内閣掌譯西番蒙古諸文番學總管儀賓工布查布」などとあって、西番（チベット）以外に蒙古諸文の翻譯を管掌していたことが分かる。

注意すべきは工布查布が清朝の敕版大藏經、いわゆる「龍藏」の刊刻事業に參與している點である。「龍藏」は雍正十一年（1733）に藏經館

---

12）漢字表記は、文獻によって「工布查」「袞布扎布」「古木布扎布」とも書かれるが、小文では「工布查布」に統一した。

13）烏雲畢力格《關於清代著名蒙古文人烏珠穆沁公滾布扎卜的幾點新史料》，《清史研究》2009年第1期，119-123頁。

14）注8を參照。

15）前掲烏雲畢力格論文、122頁。

16）《大正藏》第19冊所收（第927號）、「大清冊封西天大善自在佛領天下釋教普智持金剛達賴喇嘛造」とあり、ダライラマ七世の著作である。

17）《大正藏》第20冊所收（第1144號）、卷末に「乾隆八年（1744）正月吉日翻竟於廣仁彌勒院」とある。

を設置、同十三年に刊刻を開始、乾隆三年（1938）十二月十五日に至って竣工した。《大清重刻龍藏彙記》巻末には、この大工程に參與した人々の名が列記してあり、「総理藏經館事務」として和碩莊親王（太宗皇太極の第五子碩塞）と和碩和親王（雍正帝の第五子弘晝）の名を擧げた後、「校閲官」三名の筆頭に「校正梵字咒語佛像總管西番學 臣 工布查」の名が見えている。したがって工布查布と「龍藏」との關係はすこぶる密接であり、彼が『西域記』の飜譯に當たって底本とした漢文テキストは「龍藏」のそれであったと推測出來る。そしてこの推測は幾つかの點で確認することが出來るのである。

『大唐西域記』は全十二巻の構成だが、「龍藏」本では十二巻のうち巻三と巻四、巻七と巻八とをそれぞれ一帖に収め、全部で十帖に調巻してある。形式上十二巻は變わらないが、實質的には十巻であり、函號で云えば旦一から旦十となる。もっともこの構成は「龍藏」の創始ではなく、「龍藏」が底本とした永樂北藏がすでにそうなっている[18]。藏譯『西域記』は名實ともに全十巻の構成になっているわけだが、これは完全に「龍藏」の調巻を襲った結果である。

『西域記』諸本は、巻六に四國（室羅伐悉底國、劫比羅伐窣堵國、藍摩國、拘尸那揭羅國）を収め、巻七に五國（婆羅痆斯國、戰主國、吠舍釐國、弗栗恃國、尼波羅國）を収めるのが通例だが、「龍藏」（永樂北藏も同じ）はこれを改め、巻六には室羅伐悉底國から戰主國に至る六國を、巻七には吠舍釐國、弗栗恃國、尼波羅國の三國を収める構成に變えている。いま藏譯『西域記』を見ると、その巻五（dam po lnga pa、即ち漢文本の巻六）が戰主國（tsandhu'i yul）までを含み、巻六（dam po drug pa、即ち漢文本の巻七、八）が吠舍釐國（bai shā lī）から始まっているのは、正に「龍藏」と一致する。さらに細かな點を擧げれば、『西域記』

18）『大明三藏聖教北藏目録』に「大唐西域記十二巻今作十巻」とする（『昭和法寶総目録』第二巻、296頁上欄）。より具體的云えば、巻第三と第四を同巻として共に孰三に収め、また巻第七と第八を同巻として孰六に収めている。

巻十二瞿薩旦那國の條で、「王城東南五六里有麻射僧伽藍」の寺名を藏譯では sha ba songs pa zhes bya ba'i gtsug lag khang とし、「麻」を sha ba（鹿）と譯しているのは、「龍藏」本が正しく「鹿」字に誤っているのを襲った以外の何ものでもない。工布查布が『西域記』の藏譯に際して、清朝の敕版大藏經本を底本に選んだのは極めて自然であり、その刊刻事業に自らが深く關與したという經緯があってみれば、當然すぎるほどの選擇であったと云えよう。

工布查布の生卒年は不明である。ただ彼は藏地の高僧である司徒曲吉迥乃（Si-tu Chos-kyi-'byung-gnas）や噶妥仁增次旺諾布（Ka'-thog Rig-'dzin Tshe-dbang-nor-bu）と交流があり、乾隆 12 年（1747）頃までは彼らと書信の往來があったらしいので[19]、遲くともこの頃までは存命であったと思われる。藏譯『西域記』の譯成時間もこの頃を下限として考えざるを得ない。

## 3　大谷本の「今地名」

さて大谷大學所藏寫本には、幾つかの地名に對して、テキストの行間に細字で deng sang … zer（今日では～のように云う）というような注記が見られるが、これらを拔き出して表にしてみたのが下の表である[20]。全部で 12 條、それぞれに出現箇所、藏譯、漢文原文、今地名の注記を列記した。例えば出現箇所の 3b5 は寫本第三葉背面第五行を示す。藏譯は基本的にワイリー方式のローマ字轉寫を用いるが、若干の變更を加え

19）先巴前揭論文、43-44 頁。想像を逞しくすれば、拉薩で發見されたという藏譯《西域記》寫本は工布查布が贈呈したものかも知れない。

20）佐々木教悟氏はこういった細注は百箇所ほどあるとするが（解説 9 頁）、ここでは明確に "deng sang … zer" と書かれているもののみを擧げた。deng sang は時に母音記號を落として dang sang と書かれる場合もある。

た[21]。

**藏譯『西域記』今地名表**

| | | 藏譯 | 原文 | 今地名 |
|---|---|---|---|---|
| 1 | 3b5 | ”u shi ri’i yul | 阿耆尼 | deng sang ”ak sū zer |
| 2 | 4a5 | gu tshe’ zhes bya ba’i yul | 屈支 | dang sang khu ṭe zer |
| 3 | 6a1 | bha ro ka’i yul | 跋祿迦 | deng sang tu shu ta [ ] [ ] zer |
| 4 | 6b1 | mtsho dangs（dwangs）mo che’i ’ga’ zhig gis mtsho tshan zer la las ba tshwa’i mtsho zer | 大清池 或名熱海，又謂鹹海 | deng sang to si khe la zer |
| 5 | 7a3 | chu mig stong | 千泉 | deng sang he sa ken zer |
| 6 | 8a4 | shar chu klung ’dab ma can nye ba / chu bo de ni | 東臨葉河、葉河… | deng sang ta la’ si zer |
| 7 | 89a1 | ganggā’i lho ngos su grong khyer | 殑伽河南有故城 | paṭa li puṭa / deng sang paṭṇa zer |
| 8 | 105b1 | ku sha’i grong khyer … sngon gyi rgyal po rnams gtan bzhugs mdzad pa’i gnas so | 矩奢揭羅補羅城…古先君王之所都 | dang sang brga rdha zer |
| 9 | 143a3 | ”a nta ra ba’i yul | 安呾羅縛國 | dang sang be lu ra zer |
| 10 | 147b2 | ”u sha’i yul | 烏鎩國 | dang sang ’o zhi zer |
| 11 | 148b2 | kha sha’i yul | 佉沙國 | ka si kā ra |
| 12 | 148b6 | sho gu ka’i yul | 斫句迦國 | deng sang yer khen zer ba de yin |

表中、[　]は不鮮明で讀み難い箇所を示す。『西域記』は基本的に原文のままである。

「今地名」の理解には、注記を行った人物が如何なる人物であるかを知るのが重要だが、よく分からない。ただ夏仲噶桑格來堅參の校訂を經て、本文が確定したのちのある時點で書き加えられたものだとは推測出來る。夏仲噶桑格來堅參の校訂者跋文の語氣からすれば、この校訂寫本は工布查布の遺稿であって、その死後に整理されたもののような氣がする。そ

21）但し”a-chen（ཨ）には”a, ”i, ”u 等を用い、’a-chung（འ）と區別する。

ういう假定の上に立つと、「今地名」は十八世紀後半、乾隆が準部と回部を平定した以後、西域地方の新しい地理知識が内地にもたらされた頃なのではなかろうかと思う。もちろん詳細かつ具體的な情報は軍事機密に屬する部分も多かったであろうが、傳聞に類するものは世人の口の端にも上ったことと思われる。藏譯『西域記』の「今地名」を通覽すると、果たして何處を指しているのか不明な語形や、音形からは恐らくそうだと思われる地名でも實際には相當離れた地點を指しているような場合があり、全體として極めて不正確と云わざるを得ないのである。これは『西域記』の古國名、古地名について十分な理解がなかったこともあろうが、いま一方では中央アジアやインドの現況に對して甚だ曖昧な地理知識しか有っていなかったことが原因であると思われる。

ともあれ、以下に順を追って「今地名」を檢討してみよう。

① 先ず阿耆尼の「今地名」を ”ak sū とするのは、その音形から阿克蘇を指すとしか考えられない。阿耆尼は現代の哈喇沙爾（Karashar）に當たるというのは確實だから、それを今の阿克蘇に當てるというのは、いかにも距離が離れすぎている。思うに、これは工布查布が阿耆尼を ”u shi ri と音譯しているのに災いされたものであろう。”u shi ri は今日の烏什であり、とすれば今日の烏什縣は阿克蘇地區の西部にあるから、當たらずといえども遠くはないということになる。もちろん阿耆尼を烏什に當てたのは工布查布の誤りであることは言うまでもない。もっとも工布查布が何故最後に ri を付け加えたかは不明だが、尼に當たる音節がないと落ち着きが惡いとでも考えたのであろうか。

② 屈支を khu ṭe（庫車）としているのは、地理的にも音寫形も全く問題がない。車の北京音 chē を寫すのに梵語の捲舌音專用字を用いているのは先ず適當な選擇で、この方式は《同文韻統》などでも用いられている。

③ 跋祿迦國の都城の位置については、今日の阿克蘇、拜城、雅卡阿里

克、喀拉玉爾滾など諸説ある。天山に深く分け入らない地點にあるはずだが、近邊には tu shu ta [] [] に該當するような地名を見出せない。

④「或名熱海，又謂鹹海」は原文では大清池に對する注だが、藏譯はこれらを本文に含めて譯している。mtsho dangs（dwangs）[22] mo che、mtsho tshan、tshwa'i mtsho がそれぞれ大清池、熱海、鹹海に對應する。この大清池が現在の伊塞克湖（Issyk kul）であることは確實である。これを to si khe la とするのは、伊塞庫勒（ысык көл）と同様に、現地住民であるキルギス人の呼び方圖斯庫勒（туз көл）を用いたものである[23]。《西域同文志》巻五にも[24]、「圖斯庫勒，圖斯，布魯特語，謂鹽也。濱河產鹽，故名」とあって、この呼稱はよく知られていたものらしい。ちなみに布魯特語とはキルギス語のことである[25]。

⑤ chu mig strong（千泉）の今名を he sa ken とするのは、なかなか理解が難しい。玄奘の行程は『西域記』に「清池西北行五百餘里至蘇葉水城」、「蘇葉城西行四百餘里至千泉」とある。蘇葉（碎葉 Suyab）は現在のキルギスタン、トクマク市南西８キロメートルにあるアクベシム都城址に比定されている。同地からは碎葉鎮や杜懷寶の文字が見える石碑斷片も發見されており、この比定は既に疑問の餘地がない[26]。千泉はその蘇葉からさらに西方へ400餘里のところにあって、「南面雪山、三陲平陸、水土沃潤」というのだから、キルギス

22）dangs は明らかに dwangs（清い）の誤り。

23）キルギス語の表記は、Киргизско-русский словарь, в двух книгах, составил К.К. Юдахин, Главная редакция Киргизской советской энциклопедии, 1985 による。

24）天山北路水名、巻五 31 葉背面。

25）《西域同文志》では、掲出した地名等がいかなる言語に基づくかを逐一注記してあり、準語（ジュンガルの言語、すなわちオイラート語、ロシアで云うカルムイク語）および回語（ウイグル語）が多いが、時に布魯特語（キルギス語）、帕爾西語（ペルシャ語）、哈薩克語、蒙古語などが使われている。

26）加藤九祚《中央アジア北部の佛教遺跡の研究》（《シルクロード學研究》第４册）、奈良：シルクロード學研究センター、1997 年３月、121 頁以下を參照。

山脈北側の水草豊かな土地を指すことは間違いない。この邊りは現在のキルギスタンとカザフスタンの接壌地帯であり、he sa ken というのは或いは哈薩克を寫したものではなかろうか。最終音節 ken（t）は、ソグド語起源でチュルク諸語に共通の「町、地域」を表す語と考える[27]。とすれば、he sa ken は「カザフ人の土地」ほどの意味であったと思われる。

⑥ 藏譯 shar chu klung 'dab ma can nye ba / chu bo de ni は原漢文の「東臨葉河、葉河」に當たる。shar は東、葉河（Syr Darya）は、chu klung（河）+ 'dab ma（葉）のように、音譯ではなく意譯してある。また can nye ba が「臨」に相當し、續く chu bo de ni が「此河は」で、譯文はほぼ原文に忠實である。それに對し今地名を deng sang ta la' si zer（今日では ta la' si と呼ぶ）と注してある。ta la' si は現在のカザフスタンの塔拉茲（Talaz）であることは間違いないと思われるが[28]、この今地名注には聊か不審な點がある。というのは、この葉河の所在が赭時國（タシュケント）と窣堵利瑟那國（都城は今日のタジキスタンの Istaravshan[29]）の境界だということである。ところが『西域記』巻一の呾邏私城の位置は、上に擧げた千泉から更に「西行百五六十里」、現在の塔拉茲から葉河までは直線距離にしても 300 キロ以上離れている。今地名の注者はこの邊りの地理に對して曖昧な知識しか持ち合わせていなかったことが窺われる。

⑦ 細字注 paṭa li puṭa と deng sang paṭṇa zer とは行の上下に分けて書

---

27）この kent は極く小さな村落を指すのにも用いられる。ロシア科學院東洋寫本研究所（ペテルブルグ）に所藏される、所謂ペトロフスキー地圖には、タリム盆地の小部落がすべて kent で示されている。

28）現在、塔拉斯（Talas）と呼ばれる町がもう一つキルギスタンにあって、カザフスタンの塔拉茲（Talaz、1997 年以前は Dzambul と呼ばれた）から南東 80 キロメートルほどの位置にある。ただ唐代の呾邏私城は塔拉茲近邊であったというのが定説である。《西域同文志》巻之一に「塔拉斯，準語，寬敞之境，多長林豐草，故名。唐為葉護可汗廷」というのも此處であろう。

29）2000 年以前は Uroteppa（ロシア語 Уратюбе）と呼ばれていた。

いてある。嚴密に云えば、前者は「今地名」ではないが參考までに付け加えておいた。この箇所『西域記』原文では、「殑伽河南有故城」の後に「……昔者人壽無量歳時，號拘蘇摩補羅城（ku su ma bu ra），……逮乎人壽數千歳，更名波吒釐子城（pa rtha ri'i bu）」と續いている。工布查布の藏譯原文では〔梵〕Pāṭaliputraのputraをbu（子）と意譯するが、注者はそれが氣になったものと見えて、再度paṭa li puṭaと改めたものであろう。反り舌音表記を用いており、これは注者に特徴的な用字である。ともあれPāṭaliputraが現代インドでは巴特那（Paṭnā）と呼ばれるという知識があったことは興味深い。

⑧ 矩奢揭羅補羅城は〔梵〕kuśāgra-puraで、『西域記』原注に「唐言上茅宮城」とあるように、kuśāgra（上茅、敷物に用いる植物名）とpura（都市）の合成語である。マガダ（摩揭陀）國舊王城の王舍城（Rājagṛha）で、現在のインド地名はRajgir。ここで今名をbrga rdhaとするのは、複子音を用いた、いかにもチベット語風の綴字だが、全く手掛かりがない。

⑨ トハリスタン（覩貨邏）の有力な都市であった安呾羅縛國（Andarāb）は、アフガニスタンのバグラン州（Baghlan Province，巴格蘭省）南部に位置し、住民はタジク人である。首都カーブルから山路を北に行くこと150キロほどの地點にあり、Doshi河に沿っている。しかしこの附近にbe lu ra或いはそれに近い地名は見出せない。したがってこの國の今名をbe lu raと稱するのは甚だ理解に苦しむ所だが、このbe lu raは或いは「巴勒提」（Balti）を指しているのかも知れない。その場合にはraはtaの誤りで、尚かつ母音iが落ちているということになる。《欽定皇輿西域圖志》巻二「愛烏罕・痕都斯坦・巴勒提諸部圖說」には「由拔達克山西南行，有部曰愛烏罕，東南為痕都斯坦部，俱蔥嶺外大國，又東為巴勒提」とあって、「巴勒提」はインド、パキスタン兩國の國境紛爭地域であるカシュミー

ルの北部、現在パキスタンの支配下にあるギルギット・バルティスタン州の一部を構成する。地理的には甚だ距離があり、音形もかなり無理があるが、可能性として擧げておきたい[30]。ちなみに「巴勒提」は標準藏語では sbal ti だが、ここではむしろ巴勒提の漢語音形に近い。いずれにせよ他の例にもあるように、域外の地理知識の不足が影響している。

⑩ 烏鎩國の位置については定まった説がないが、英吉沙（Yanggi-Hissar）或いは莎車（Yarkhand）が有力である。今名として注記される 'o zhi はその何れにも該當する地名を見出しがたい。近い音形としては、現在の阿克蘇地區に屬する烏什縣がある。《西域同文志》巻之三には「烏什」を出し、「回語, 即烏赤, 蓋山石突出之謂, 城居山上, 故名」[31]と説明するように、阿克蘇から西北西 80 數キロの天山に近い地點にある。英吉沙にせよ、莎車にせよ、相當な距離があって、烏鎩國の故地とするには無理がある。單に "u sha と "u zhi との音の類似から發想したものであろうか。もちろん正確ではない。

⑪ 佉沙國に ka si kā ra を當てるのは正しい。ここには定式である deng sang … zer の表現を用いないが、同じ性格のものと見て表にふくめた。《西域同文志》は漢字で喀什噶爾と書き、西番字では kha shi kar としている。若干の違いはあるが、ka si kā ra が喀什噶爾を讀んだものと考えて差し支えない。ただ音節の區切りは、ka si kār と

30）《西域圖志》によれば、愛烏罕（アフガニスタン）は「乾隆二十七年（1762)、其汗愛哈默特沙知西域底平、聞風慕義、遣使密爾漢等來朝、貢刀及四駿馬、賜宴、賚与優渥、二十八年正月頒勅書嘉奬、遣使歸國」とあり、痕都斯坦（ヒンドゥスタン）は「爲内地所弗逮、舊於葉爾羌貿易、乾隆二十五年（1760)、頒勅書賜物、令通市如故」とあるのみで「内附」の文字が見えないが、巴勒提のほうは「分兩部落、其酋默默斯帕爾、烏蘇完分統之、各八千餘衆、舊在葉爾羌貿易、乾隆二十五年六月内附、令通市如故」とあって明らかな相違がある。巴勒提は清朝に歸屬しているのに對し、愛烏罕と痕都斯坦はそうではなく、單に國交があるというに過ぎない。愛烏罕すなわちアフガニスタンの一地方である安呾羅縛の今地名を注記するに當たっては、そういった背景が作用しているかもしれない。

31）西番字では "u zhi と綴る。

詰めて讀むべきものかも知れない。

⑫ 斫句迦國は一般に清朝時代の哈爾噶里克（Karghalik）、今日の葉城と考えられている。ここに今地名を yer khen とするのは、葉爾羌(Yarkhand)、今日の莎車だから、正確に云えば異なる町を指していることになる。

## 4　おわりに

以上、大谷大學本藏譯『大唐西域記』に見える「今地名」について、ごく簡單に考察を加えた。deng sang … zer の形式を持たない細注はなお數多く存在するが、小文では確實な「今地名」の例だけを取り上げた。奇しくもそれらの多くが今日の新疆およびその接壤地帯に屬することは注意されてよい。これらの地名注は、おそらく乾隆のジュンガル征服によって喚起された中央アジア地理に對する興味が背景にあるように思われる。その知識は極めて淺薄かつ不正確なものにとどまり、歴史地理學の資料としてはほとんど價値を見出し難い。とはいえそういった誤解の中にも當時の一般人の知識水準が窺われるという意味では興味深いものがあろう。

# 内藤文庫収蔵の敦煌文献写真資料について

玄　幸子

## 一　内藤湖南の敦煌学と欧州調査における写真撮影の状況

内藤湖南のヨーロッパ調査紀行、特に英国・フランスでの敦煌文献調査については、本学図書館内藤文庫所蔵の記録ノートなどを通じてある程度その実際の状況を明らかにしてきた[1]。本稿では、さらに内藤文庫所蔵の敦煌文献ロトグラフ・写真資料を紹介し、これらの古い写真資料が有する資料価値を検討する。

まずロンドンでのスタイン将来の写真撮影申請状況であるが、すでに玄2017で明らかにした通り、総申請数四十に対し、許可を得たものは網掛部分の十七点であった。

10, 77, 81, 85, 113, 133, 238, 466, 516, 612, 615, 617, 713, 796, 799, 801, 811, ch932, 1086, 1339, 1344, 1443,

（2）

1603, 1710, 1765, 1891, 2056, 2060, 2071, 2074, 2154, 2222, 2263, 2295, 2658, 2659, 2717, 3392, 3469, 3926

（17／40点）

これに撮影許可の下りた（木刻一號）故圓鑒大師二十四孝押座文と（木刻二號）金剛經板本を加えると申請総数四二、許可数十九点であった。

一方現時点で内藤文庫に所蔵される写真資料は次のとおりである。

| | | |
|---|---|---|
| 内藤 26-234 | **S. 612** | 大宋太平興國三年具注暦 |
| 内藤 26-235 | S. 796 | 莊子 |
| 内藤 26-236 | S. 1393 | 晋書列傳 |
| 内藤 26-237, 8 | S. 525 | 捜神記 |
| 内藤 26-239 | S. 1401 | 殘文 |
| 内藤 26-240 | **S. 796** | 略抄　小抄 |
| 内藤 26-241 | S. 5478（**Ch. 932**）文心雕龍 | |
| 内藤 26-755 | 同右 | |
| 内藤 26-242 | S. 614 | 兎園策府 |
| 内藤 26-243 | S. 477 | 老子河上注　上 |
| 内藤 26-244～6 | S. 1441 | 雑文　勵本二郎抄背／勵忠節鈔 |
| 内藤 26-247, 8 | **S. 1344** | 悉談韻　唐勑背／唐勑 |
| 内藤 26-743 | **S.P. 2** | 故圓鑒大師二十四孝押座文 |

内藤 26-754　Ch.c. 0014 金剛經板本

これらの資料は当然のことながら調査時に請求し許可されたものばかりではなく、調査から戻った後に請求して得たものもあり、その取得時期についても考察が必要になろう。すでに明らかになっているところでは、調査時に許可されたものは太字の S. 612; Ch. 932; S.P. 2; Ch.c. 0014 の四点のみであり、S. 796 と S. 1344 の二点は当時の不許可リストに見えるので確実に後に入手したものであるとわかる。

次にペリオ将来資料の状況を確認する。スタイン将来資料の様に調査ノートの記述を詳細に検討することはせず、ここでは玄 2017 で一部取り上げた「敦煌遺書ロートグラフ目録點檢書」[2]のペリオ将来部を引用しておく。

一頁　　**第一包**

○　楽譜　（十一枚）　第三包ノモノノ複寫

○　（五弦琴譜　（四十枚）　承和九年）

○　晋書載記　十一表　十二、十三　下缺　（十一枚　別ニ四枚）

○　唐類書　啓願録　辯捷　論難　等の目あり

又、雜集時雨要字壹阡參伯言　二儀部第一

ノ目アリ

開元十一年捌月五日寫了　（廿五枚　別ニ重複九枚）

○　化度寺碑　（五枚）

P二五六三〇　莊子郭注　大宗師　（二枚）
P三七一九〇　爾雅　釈詁　釈言　釈訓　（七枚）
二頁P三八四一　唐人詩文集　龍門賦　河南書　（二枚）
P二五四三　文選無注　羅氏古籍叢残本ニ續く　（十二枚）
P四〇三三　古文尚書　禹貢　洛誥至蔡仲之命　二枚
P二七四八　㋑古文尚書　孔子傳　洛誥至蔡仲之命　二十四枚
P三三八　㋑禮記　大傳　少儀　鄭注　（六枚）
P三七五二　古文尚書　五子之歌
P三七二五　監本老子道経　河上公注　開元廿三年五月　（六枚）
P三七二二　治道集　（二十一枚）
P三八一六　御注孝経讃　（五枚）
P三六〇八　唐律　職制　戸婚　（十五枚）　有董目
P三二五二　唐律　戸婚　厩庫　（二枚）
三頁P二六四五　㋺文選　四枚
P四五〇五　㋑絹本寫経　一枚
P四五一一　紫紙銀泥観世音経　一枚
P三七八九　莊子外篇　田子方　六枚
P三八八五　唐人詩文集　李邕　孟顥然　郭元振　蘇乩　康太私　十一枚

盖嘉運　等の詩アリ

P三七六八　文子道徳篇五　天宝十載七月十五日道学博士索□林記之校定（十七枚）

P四五〇六　絹本寫経　（二枚）皇興五年

◎　観音経（四五一二）フイルム三種、焼付二枚

◎　絹本寫経フイルム五枚　焼付一枚

P四五一二　焼経　（一枚）

◎　同フイルム三枚　焼付一枚

四頁　**第二包**

二五九〇　穀梁傳荘公下第　范甯集解　三十三枚

文選李善注　十三枚

同　四十枚

P二五二五　文選巻第二十五　七枚

P二八〇三　寫経　四十枚

P二五一二　（天文）　二十三枚

P二五四二　九枚

P二五八九　秦始皇云々　十二枚

P二五〇九　春秋経傳集解僖下　三十二枚

五頁P二八〇三　深密解脱要略　四十枚

P二五一一　唐地誌　十七枚
P二五〇七　水部式　十五枚

六～八頁　**第三包**
（省略）

九頁　**第五包**
P三〇七八　散頒刑部格　九枚
P三二〇八　荘子逍遥遊　郭注　三枚
P二六八八　荘子外篇　淵世二字缺筆　六枚
P二四一七　老子徳経下　天宝十載正月廿六日男生索栖岳跋　十八枚
P二三七〇　老子道經下無注　背記佛書（聖像縁圖）
P二三四七　老子道徳經下　願經　景龍三年五月十八日女官唐真戒跋
附十戒經　十六枚
P二八二三　唐玄宗御製道徳真經疏　巻三　希言自然章　四枚
P二四六二　玄言新記龍部巻第一　第二　第三　第四　第五　顔師古作　二十二枚
P二五七七　老子道徳經　李栄注（道蔵本）　九枚
一〇頁P三二七七　同　七枚
P二五九四　同　六枚
P二八六四　同　九枚

P三二三七　同　九枚

P二六二五　沙州世族志　陰氏　索氏　九枚

P二七六七　左傳抄録　襄公十八九年　三枚

P二九六二　征吐渾記（平話）五枚

P二七〇七　文選　王子憲集序（羅本存缺）一枚

P三三四五　文選巻廿九　王仲賓　褚淵碑文　六枚

二七〇七ニツヾク

P二八三三　文選音決　公孫羅　十一枚

一一頁P二五四六　劉子新論　梁劉勰　七枚

P二七二一　雑抄　一名珠玉　二名益　子　三名随身宝

附　開元皇帝讃金剛經　十四枚

新集孝経箴

P二四八二　敦煌文録　五種　十九枚

P二五五三　明妃曲　十枚

二七二一ノ背　瞬子至孝変文　十四枚

P三一六九　尚書禹貢　二枚

P三四六九　尚書禹貢　三枚

P三〇一五　尚書尭典　五枚

P三三〇一　漢蕃對称佛語　背記僧寺案牘　二十枚
一二頁P二九六七　唐杜佑喪礼服制度　粘葉本　六枚
P二六三六　帝王略論　虞世南　二十枚
P二八二六　大于闐天子制書　二枚
P二八〇三　天宝九載敦煌縣郷倉計帳　四十二枚
P二一八九　梁武帝願文　大統三年令孤述寶写本　十五枚
P二五七二　相書　三十三枚
P二五五〇　陰陽塚墓入地深浅法五姓同用卌五家書　第卅七　六枚
P三三七八　孝経　鄭注　六枚
P三三八二　孝経　鄭注　七枚
P三二七四　孝経疏　三十四枚
一三頁P二八六五　六朝寫道徳經　二枚
P三四二八　孝経鄭注？　九枚
一四頁　**第六包**
P三七一四　唐新修本草　草部……　三十枚
P三六三五　左傳正義　：　哀公十三年　五枚
P三七六七　古文尚書無逸　四枚
P三七六二　張議譚子□□　并　夫人索氏墓誌　八枚

P三六〇二　荘子釋文　陸徳明　八枚
P三七七八　文選　題顔延年陽給事誄　四枚
　二五四二　二五四三ト同類
P四〇四二　二枚
P三七三八　李嶠雑詠注　存六行　一枚
一五頁P四〇二六　四枚
P三七二一　沙州年表　六枚
P四〇三四　四枚
P二八一九　㋑王績集　十二枚
P二六五八　㋑文選　無注　三枚
P二五五四　㋺文選　無注　四枚
P二六六一　㋺爾雅　六朝寫本　十枚
P三七〇四　劉子新論　七枚

P二六二七　㋺史記　管蔡世家　フイルム二十三枚

この目録は東方文化學院京都研究所使用原稿用紙の片面にのみ書き込み右上を簡易綴じしたものである。基本的に朱筆で書き入れるが、部分部分鉛筆書きのところもある。またペリオ番号の上に「返」の書き込みが見られる

場合もあるが、あえて書き込まずそのままにしてある。

以上を参照しながら次は各写真資料を紹介し検討していくことにする。

## 二　内藤文庫収蔵敦煌文献写真資料（ロトグラフ[3]を含む）紹介と検討

では順を追って写真資料を検討していこう。各資料の表記法は、まず本学図書館の整理番号を示し、続けてスタイン・ペリオの整理番号を表記する。未整理のまま旧番号しか持たない場合は旧番号を記す。その下の資料名は包紙あるいは写真から読み取れたものを転記する。

**26-234（S. 612）** 大宋太平興國三年具注暦日

包紙に「S. 612　大宋太平興國三年具注暦日」とあり墨書で「太平興國三年應天具注暦日　十一片　此件無記号」と書かれた「雙松精舍」用箋とともに写真十一枚を収める。北宋の暦書であり、九七八年に当たる。調査時のノート[4]（37-1）にはスタイン整理番号S. 612に記録があり写真請求のマーク◎も認められる。現在IDP[5]でカラー写真を確認できる。

**26-235（S. 796R）** 荘子三葉

包紙に「S. 796　荘子」とあり墨書で「S一九六　荘子三葉[6]」と書かれた「雙松精舍」用箋とともに写真三枚

を収める。用箋の右下角に「30」と書き込みあり。調査時のノート（37-3）[7]にはS. 796に記録があり写真請求のマーク◎も認められるが、調査時に許可されたものであるかどうかは確認できない。

**26-236（S. 1393）**　晋書

包紙に「S. 1393　晋書列傳」とあり墨書で「S一三九三　晋書列傳八葉」と書かれた「雙松精舍」用箋とともに写真八枚を収める。用箋の右下角に「20」と書き込みあり。さらに白紙（罫線あり）に「群書治要所引晋書列傳　此亦十八家中之一」として人物名を列挙したメモが同封される。『晋書』は紀伝体晋史、十八家について記す。

**26-237（S. 525V7）**　捜神記背?

包紙に「S. 525　捜神記背?　官牘印」とあり墨書で「S五二五　昨者到鎮一葉」と書かれた「雙松精舍」用箋とともに写真九枚を収める。用箋の右下角に「18」と書き込みあり。

次の資料の紙背である。

**26-238（S. 525）**　句道興『捜神記』誦芬室元稿（董康メモ）

包紙に「S. 525　捜神記」とあり墨書で「S五二五　捜神記九葉」と書かれた「雙松精舍」用箋とともに写真九枚を収める。用箋の右下角に「17」と書き込みあり。さらに誦芬室元稿用紙に記された董康識語を添付する。内容は次の通り。

倫敦博物館有此書不題撰人姓氏乾而思博士以與通行本干寶所撰不同曽着一文詳加考證余錄其目於燉煌書錄中並懇博士攝影行世比来東京文求書堂田中子祥亦收得此書題句道興撰較倫敦所蔵多至二倍且次第互異亦有彼巻有而此巻無者借歸手錄一過句道興不可考文詞雖俚而拙所錄皆漢以前事且多六朝假借字必為六朝人無疑此巻劉淵避作泉然倫敦本仍不避首行有孝行第一四字全編神異之事居多並未分類贅文削之古暦癸丑元月五日毘陵董康識於東京僑廨

ロンドン博物館ニ此書あり、撰人ノ姓氏ヲ題セズ。乾而思博士、通行本ノ干宝撰スル所ト同ジカラザルヲ以テ曾テ一文ヲ着《あらわ》シ詳シク考證ヲ加フ。余、其目ヲ燉煌書錄中ニ於テ錄シ並ビテ博士ニ攝影スルヲ懇ヒテ世ニ行ル。比来、東京文求書堂ノ田中子祥モ亦タ此書ヲ收得ス。句道興撰ト題ス。倫敦所蔵ト較ブルニ多ク二倍ニ至ル。且、次第互ヒニ異ナリ、亦タ彼巻ニ有リテ此巻ニ無キ者有リ。借リ歸リテ手錄一過。句道興ハ考ス可カラズ、文詞俚ニシテ拙ト雖ヘドモ錄スル所ハ皆漢以前ノ事ナリ、且ツ六朝ノ假借字多シ、必ズヤ六朝ノ人為ル疑ヒ無シ。（此巻劉淵ヲ避ケテ泉ニ作ル。然ルニ倫敦本ハ仍ホ避ケズ。）首行ニ孝行第一ノ四字有リ。全編神異之事、多ク居リ、並ビテ未ダ分類セザル、贅文之ヲ削ル。古暦癸丑

元月五日、毘陵董康、東京僑寓ニ於テ識ス。

さらに便箋の裏面と思われる一枚にロンドン本と文求堂本の収録故事が次の通り対照列挙されている。

捜神記　英倫本
・管公明
劉安
劉寧
・杜伯
・侯雙
・趙子元
・王子珎
・淵元皓段子京
　凡八事
六事与別本同而
文異二事別本無

日本文求堂本
　樊密
張嵩
焦華
楡附
扁散
。管公明
齊景秦瑗
辛道度
。侯雙
侯光侯周
王景伯
。趙子元
。淵元皓段子京

（中略）

楚王

凡三十二事

題句道慶撰

『燉煌書錄』の記載を上海図書館所蔵本[8]より抜粋すると、

S. 525　捜神記一巻　唐寫本

前題捜神記一巻　至劉淵止篇目録後

管輅　秦護　劉安　辛道度　劉寧　侯雙　趙子

元　王子珎　劉淵

とあり、「余錄其目於燉煌書錄中」を裏付けている。

また、ここで董康のいう文求堂収得本とは、のちに中村不折が買い入れ、現在台東区書道博物館に蔵される句道興捜神記である。購入時の経緯は、鍋島稲子「不折旧蔵写経コレクションについて[9]」に詳細に記載されている。

「……許際唐旧蔵分のメモ中には「捜神記一巻」が存在する。『捜神記』は大正十二年四月二十一日に千二百円で購入、のちに重要文化財（旧国宝）の指定を受けることになった名品である。……不折の記述によれば、許際唐が甘粛に在職中に得たものを、勝山岳陽や江藤濤雄等が交渉して手に入れたとある。それを文求堂が仲介して不

折に売ったのだろう。」（p. 360）前述の董康識語が書かれたのは和暦の大正二年であるので、当然中村不折購入以前の状況である。

**26–239（S. 1401）**　殘文二葉

包紙に「S. 1401　殘文」とあり墨書で「S一四〇一　殘文二葉」と書かれた「雙松精舎」用箋とともに写真三枚を収める。用箋の右下角に「29」と書き込みあり。現在S. 1401に充てられるのは『太公家教』テキストの一部であり異なる写本である。Giles1957では7288　Text of a didactic character. Mtd. frag. Fairly good MS. Buff paper. 13/4ft. とあり『太公家教』の断片を記録している。ロトグラフ上の印影を詳しく見ると、スタイン整理番号S. 1401の横に1A; 2Aとある。テキスト同定は待考とする。

**26–240（S. 796V）**　略抄　小抄

包紙に「S. 196[10]　略抄／小抄」とあり墨書で「S一九六　略抄　小抄　三葉」と書かれた「雙松精舎」用箋とともに写真三枚を収める。用箋の右下角に「25」と書き込みあり。前述の26–235にRecto写真を収める。

**26–241（Ch. 932）**　文心雕龍

包紙なし。表紙?の影印あり。算用数字および蘇州数碼で「932」とある下方に「雑録書本」とあり左に「文心雕龍　第一至第十四」影印全体の下方に「Ch. 932」とある。次頁からは見開き一枚の要領で右枠外に通し番号および「Ch. 932」を映しこむ。ただし番号は資料の逆順である。なお、写真はネガテイヴ現像で陰画である。

**26–755（Ch. 932）**

包紙なし。表紙などの影印もなし。最初と最後のみ半葉で一カット、残りは見開きで一カット。全二三枚。通し番号の数字ラベルを右肩において撮影。ポジティヴ現像で陽画である。

前掲26–241と同一写本である。整理番号はNo. 7283（Giles1957）S. 5478である。写真撮影時には未整理にてS番号が付されていなかったものであろう。調査ノートにも932の番号のみ記される。

**26–242（S. 614）**　兎園策府

包紙に「S. 614　兎園策府」とあり原稿用紙裏に墨書で「兎園策一巻」とあり、その下に双行で「英倫敦博物館」「S. 614　影印十葉」と書かれる。さらに左に朱で「九月初五日蔵園手校」とある。朱校入原稿用紙（雙照樓寫本用箋）六枚全録文がこれに続く。写真は全一〇枚。Rectoのみ。

**26–243（S. 477）**　老子河上注　上

白封筒表に「S. 477　老子河上注　上」とある。墨書で「S四七七　道徳經十四葉」と書かれた「雙松精舍」用箋とともに写真十四枚を収める。用箋の右下角に「19」と書き込みあり。「老子道徳經河上公章句」は『道徳經』注本の一つである。

**26–244（S. 1441）**　雑文　勵忠節抄背

包紙に「S. 1441　雑文勵忠二郎抄背」とあり墨書で「S一四四一　雑経文　二月八日以下　七葉」と書かれた

「雙松精舎」用箋とともに写真七枚を収める。用箋の右下角に「27」と書き込みあり。ロトグラフは verso の途中（雲謡集雑曲子三十首の前）まで。

**26-245（S. 1441）**　慶楊文以下六葉　26-244 雲謡集雑曲子三十首の後、逆向きに書写

包紙に「S. 1441　雑文　勵忠節抄背」とあり墨書で「S一四四一　雑経文　慶楊文以下　六葉」と書かれた「雙松精舎」用箋とともに写真六枚を収める。用箋の右下角に「26」と書き込みあり。S. 1441V の一～六にあたる。逆向きに書写される。前資料と合わせても「雲謡集雑曲子三十首」の部分が抜けている。

**26-246（S. 1441）**　勵忠節鈔

包紙に「S. 1441　勵忠節鈔」とあり墨書で「S一四四一　勵忠節鈔二十九葉」と書かれた「雙松精舎」用箋とともに写真二十九枚を収める。用箋の右下角に「22」と書き込みあり。『勵忠節鈔』は敦煌写本類書である。上記二件を含め S. 1441 に関しては調査ノート（37-1）[11] に比較的詳細な記録がある。「云謡集雑曲子共三十首　別ニ写ス」というメモも見えることから、『雲謡集』部分の写真が別置されている可能性が高いと思われる。

**26-247（S. 1344）**　悉談頡　唐勅背

包紙に「S. 1344　悉談頡　唐勅背」とあり墨書で「S一三四四　修多羅法門四葉」と書かれた「雙松精舎」用箋とともに写真四枚を収める。用箋の右下角に「22」と書き込みあり。S. 1344 紙背の写真である。初めに「鳩摩羅什通韻本」続けて「修多羅法門巻第一」が書写される。

**26–248（S. 1344）　唐勅**

包紙に「S. 1344　唐勅」とあり墨書で「Ｓ一三四四　唐勅四葉」と書かれた「雙松精舎」用箋とともに写真四枚を収める。用箋の右下角に「21」と書き込みあり。S. 1344 Recto の写真である。調査ノート（37–1）[12]に前述の紙背資料とともに比較的詳細な記録がある。また、写真請求対象の◎が表裏両面にマークされている。

**26–743　故圓鑒大師二十四孝押座文**

本資料は『敦煌変文集』[13]にテキストが校勘録文されておりその原巻にS. 7 刻本とされるものである。ところが現在 IDP でS. 7 に充てられるのは『金剛般若波羅密經』である。Giles1957 でも V.PRINTED DOCUMENTS に 8102 として収録されており、S ではなく P. 1 として整理番号が振られている。S. 7 については 1072 に充てられるが資料の同定はできておらず紙質、長さなどの物理的記述のみに終わっている。『敦煌変文集』および Giles1957 はほぼ同時期に成った二書であるが同一資料に異なる整理番号を付したために後世混乱すること[14]になったものと言えよう。調査ノート（37–1）[15]では資料番号はなく「print 1」とあり、写真請求対象マークの◎が付されている。この資料は申請が通った一九件のうちの一つであることから、かなり初期の写真資料であるといえよう。

黄・張『敦煌変文校注』[16]では同テキスト第一句目「世間」の「間」字に注〔二〕をつけ、「間，原巻字形模糊，甲、乙巻俱作「間」。原録作「門」，殆誤。」とするが、古写真では明確に「間」字が確認でき、注は不要となる。古写真の利点である。

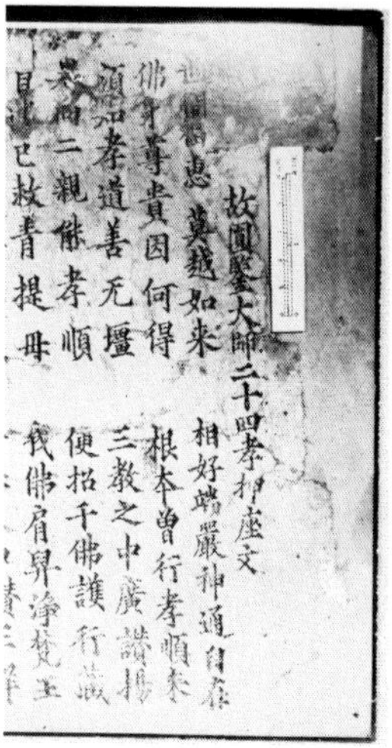


内藤　26–743

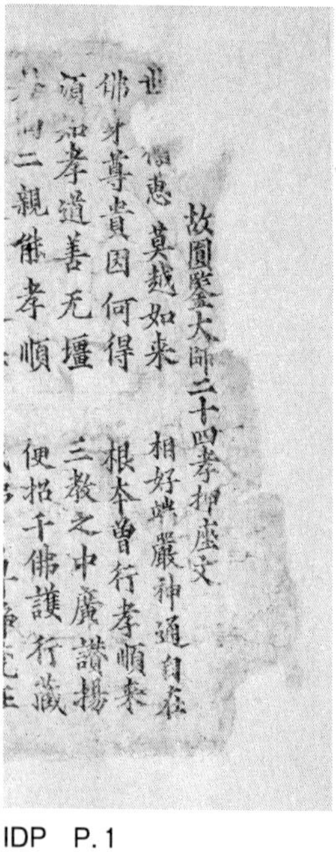


IDP　P. 1

**26–754　Ch.c. 0014　金剛經板本**

これも前資料と同様刻本であるのでGiles1957でもV.PRITED DOCUMENTSに8083として収録されており、SではなくP.2として整理番号が振られている。IDP公開写真資料と比較すると、「此為實當知是人不於一佛二佛三四五佛而種」の行から「薩所作福德不應貪着是故説不受福德」の前の行まで大幅に欠けている。資料としては完全とはいいがたい。これも申請許可が下りた資料なので早期に撮影した貴重な資料であるといえるが欠けている部分がかなり多いのは残念である。

さて、次はペリオ将来資料の確認に移ろう。

**26–471（P. 2493）　連珠集**

包紙に記載なし。「雙松精舎」用箋に「二四九三　連珠十二葉」と墨書してある。写真は全十二枚。BnFgallicaのカラー写真から現在相当修復が進んでいることが見て取れる。Recto のみ。

**26–472（P. 2539）**　天地陰陽大楽府　白行簡

包紙に「大楽賦」とあり。全十枚あるが、かなり欠けている。写真の総数および通番などの記載がないため、元々欠けていたのか、数枚紛失したものか、実情は不明である。用紙の継ぎ目を「｜」「切」などを書き入れて示している。

完全にそろってはいないとはいえ、ペリオの整理番号が付される前の写真であり早期の様子を伝える資料としての価値はあると思われる。現在 BnFgallica で公開されるカラー写真資料上で確認できる青鉛筆で書かれた 2539 およびフランス国立図書館の所蔵印もないことから整理前の写真であることは明らかである（後図参照）。この資料に関しては早期に癸丑七月既望（一九一三年七月十六日）の騎鶴散人跋のあるコロタイプ版の影印本が出版されている。その跋文によると端方の影写資料を底本にしたことがわかる。また、跋文を寄せた騎鶴散人が日本人であり、コロタイプ影印本が日本で刊行されたものかもしれないとの可能性が飯田吉郎により指摘される。[17] 飯田 1995 はコロタイプ影印本および東洋文庫蔵マイクロ・フィルムからの写真焼付が収録され対照するのに至便である。

**26–473（P. 2586）**　晋書十二葉

包紙に記載なし。「二五八六　晋書十二葉」と墨書してある「雙松精舎」用箋を同封。右下に「12」とある。写

真全一三枚。BnFの所蔵印は最初と最後の二か所に確認できる。「pelliot chinois Touen-houang 2586」のラベルは貼付されていない。

呉・伊藤1992[18]によると、晋、孫盛、『晋陽（春）秋』と同定される（p. 103）。佚書となっている晋代史籍の一つ。晋書とするのは羅新玉『鳴沙石室佚書』第二冊に影印を収めた際の跋文に鄧粲の晋紀とするのを踏襲したものであろう。饒宗頤『敦煌書法叢刊』第十一巻（二玄社　一九八四年）にも影印が収録される。

**26-474（P. 2494）**　楚辞注

包紙に記載なし。写真は全八枚。BnFの所蔵印は最初と最後の二か所に確認できる。「pelliot chinois Touen-houang 2494」のラベルは貼付されていない。写真の上方に「2494-1」～「2494-8」の通し番号が記される。雙照樓寫本原稿用紙（半葉　13行×22字）三枚に録文あり。誰の手になるかは不明である。

**26-475（P. 2640）**

包紙に記載なし。「二六四〇　常府君碑　十七葉　末二葉是詩集」と墨書してある「雙松精舍」用箋を同封。右下に「13」とある。写真全一七枚。写真の下方に「2640-1」～「2640-17」の通し番号が倒写されるが、逆順になっている。BnFgallicaの写真の精度が良すぎて裏写りが激しい箇所については、かえってこの写真が有効である。

**26-476（P. 2555）**　唐人詩集残巻

包紙に記載なし。「二五五五　詩集十三葉」と墨書してある「雙松精舍」用箋を同封。右下に「10」とある。写真全十三枚。最初の一枚のみに「2555-1」と書き入れが認められる。P. 2555 Verso を撮影したものであるが BnF gallica ではさらに七行継続している最後の部分が確認できない。また、九、一〇枚目に紙片を横に貼付した部分をそのまま撮影しているため本来のテキストが確認できなくなっている。現在は剝がされて修復済みで文字も確認できる。

**26-477（P. 2567）** 詩集

包紙に記載なし。「二五六七　詩集十五葉」と墨書してある「雙松精舍」用箋を同封。右下に「11」とある。写真全十五枚。写真の上方に「2567-1」～「2567-15」の通し番号が記される。BnF 蔵書印は確認できるが、ラベルは貼付されていない。BnF gallica では欠けている部分について欠ける前の状態を確認できる。

**26-478（P. 2552）** 詩集

包紙に記載なし。「二五五二　詩集十三葉」と墨書してある「雙松精舍」用箋を同封。右下に「8」とある。写真全十三枚。写真の上方に「2552-1」～「2552-13」の通し番号が記される。BnF 蔵書印は確認できるが、ラベルは貼付されていない。現在は前資料 26-477（P. 2567）に後続する形で接合された写真が公開されている。調査ノート（30 および 38-4）[19] には「2567 ト同一筆」と指摘が見える。

**26-479（P. 2495）** 荘子

包紙に記載なし。「二四九五　荘子二十二葉」と墨書してある「雙松精舎」用箋を同封。右下に「7」とある。写真全二十二枚。写真の上方に「2495-1」～「2495-22」の通し番号が記されるが二枚目と三枚目については不明瞭である。

**26-480（P. 2673）**　詩集

包紙に記載なし。「二六七三　詩集九葉」と墨書してある「雙松精舎」用箋を同封。右下に「14」とある。写真全九枚。写真の上方に「2673-1」～「2673-9」の通し番号が記される。BnF蔵書印は最後に一か所確認できるが、ラベルは貼付されていない。

**26481（P. 2503）**　詩集

包紙に記載なし。「二五〇三　詩集五葉」と墨書してある「雙松精舎」用箋を同封。右下に「9」とある。写真全五枚。写真の上または下方に「2503-1」～「2503-5」の通し番号が記される。BnF蔵書印は確認できるが、ラベルは貼付されていない。

**26-482（P. 2378）**　五臓論

包紙に記載なし。「二三七八　五蔵論　六葉」と墨書してある「雙松精舎」用箋を同封。右下に「3」とある。写真全六枚。写真の上方に「2378-1」～「2378-6」の通し番号が記される。BnF蔵書印は確認できるが、ラベルは貼付されていない。張仲景五臓論は医学書である。P. 2115が完備された写本である。

**26-483（P. 3126）**　冥報記（還宛記別名）

包紙に記載なし。「三一二六　冥報記十四葉」と墨書してある「雙松精舎」用箋を同封。右下に「15」とある。写真全十四枚。写真の上または下方に「3126-1」～「3126-14」の通し番号が記されるが一部確認できないところもある。BnF蔵書印は確認できるが、ラベルは貼付されていない。晩晴簃詩選用原稿用紙のを使用して姚萇から元微までの十四事を記した一紙が添付される。

**26-484（P. 2485）**　漢書

包紙に記載なし。「二四八五　漢書六葉」と墨書してある「雙松精舎」用箋を同封。右下に「4」とある。写真全六枚。写真の上または下方に「2485-1」～「2485-6」の通し番号が記される。BnF蔵書印は確認できるが、ラベルは貼付されていない。

**26-485（P. 2015）**　切韻唐刻本

包紙に記載なし。「二〇一五　切韻唐刻本五葉」と墨書してある「雙松精舎」用箋を同封。右下に「2」とある。さらに同用箋を使用して「二〇一六　二〇一七　二〇一八　二〇一九　切韻唐寫本未来」と記したメモも同封される。写真全五枚。写真の上または下方に通し番号が記されるが順序に混乱が見られ、一部不足している箇所がある。BnF蔵書印もまだ押されていない初期のころの写真であると思われ検討に値する。

**26-486（P. 2014）**　切韻唐刻本

包紙に記載なし。「二〇一四　切韻唐刻本十一葉」と墨書してある「雙松精舍」用箋を同封。右下に「1」とある。写真全十一枚。BnF 蔵書印は確認できるが、ラベルは貼付されていない。

**26–742（P. 2824）**　越州諸暨縣香嚴寺經藏記

包紙に記載なし。写真四枚。写真の上方に「2824」下方に1～4の通し番号が付される。

**26–747（P. 2967）**　杜佑「喪礼服制度」

包紙に記載なし。写真六枚。写真の上方に1～6の通し番号下方に「2967」が付される。この資料は調査ノート（40–2）[20]にかなり詳細に記録を取ってある。

**26–748（P. 3382）**　孝経

写真七枚。写真の上方に「3382」下方に1～7の通し番号が付される。BnF 蔵書印は確認できる。調査ノート（38–4, 40–2）[21]には「有注不知誰氏」とある。

**26–749（P. 3274）**　孝経疏

写真三四枚。写真の上方に「3274」下方に1～34の通し番号が付される。BnF 蔵書印は認められる。調査ノート（38–4, 40–2）[22]には紙背についても記録するが、写真はRecto のみ。

**26–751（P. 3428）** 孝経鄭注

図書目録カードが同封される。内容は「P. 3428　九枚／孝経鄭注?／2674ニ接スベシ／第一章尾ヨリ広揚名章第十四首ニ至ル」とある。図書番号は付されていない。

写真九枚。写真上方に「3428」下方に1～9の通し番号が付される。BnF蔵書印が認められる。

**26–752（P. 3816）**

茶封筒に「3816 P 御注孝経讃」とある。図書目録カードが同封される。内容は「3816.P.　五枚／御注孝経讃／嵩言ノ上表首ニ在リ／広揚名章標題迠」とある。図書番号は付されていない。さらに同カードを使ったメモがある。鉛筆書きで「未包　P. 3816　五枚　御注孝経讃」とあり末尾に林⃝の署名がある。

写真は全五枚。裏に1/3816の形で通し番号をメモする。BnF蔵書印が認められる。

さて、以下の写真資料については今後さらに追加資料と合わせて紹介する予定である。いずれまとまった形で、湖南収集の資料写真集を公開していきたい。

26–753（P. 3378）; 26–999（P. 2557）; 26–1000（P. 2573）; 26–1001（P. 2612）; 26–1002（P. 2502）; 26–1003（P. 2013）; 26–1038（P. 2509）; 26–2039（P. 2562）; 26–1040（P2506（17）2514（25）2570（6））; 26–1041（P. 2500）; 26–1042（P. 2510）; 26–1043（P. 2617）; 26–1044（P. 2513）; 26–1045（P. 2508）; 26–1046（P. 2512）; 26–1047（P. 2567（15）2503（5））; 26–1048（P. 2569）; 26–1049（P. 2889）; 26–1050（P. 2542）; 26–1051（P. 2586）; 26–1052（P. 2507）; 26–1053（2501）; 26–1054（P. 2511）; 26–1114（P. 2803）; 26–1115（P. 2507）; 26–1116（P. 2826）; 26–1117（P. 3078）;

26–1130（P. 3573）；26–1134（P. 3608；3252）；26–1135, 1136

## 三　まとめ

古写真の持つ意味は各資料を詳細に確認することである程度了解できるであろう。整理番号や所蔵印を付す前の蔵經洞発見当時に近い形を残している場合には、今は欠けてしまっている部分の確認をはじめ、資料を整理する段階で整理番号の混交があったことの確認、そのために web 上の公開資料から探せなくなっているケースがある事など、種々の気づきがある。また、調査記録ノートなどと合わせて見ることで、調査の興味対象がどこにあったのか具体的な傾向を知ることもできよう。

本稿では、これまでの調査撮影でその存在が明確であるものを取り上げたが、まだ調査が不十分であり今後さらに増える可能性がある。また、今回同定できなかった資料についても継続して調査を進める予定である。

なお、今回取り上げた写真資料は近々 web 上で公開される予定である。公開がかなり遅れてしまったことを反省しつつ、併せて参照していただければ幸いである。

BnF gallica
公開 P. 2539

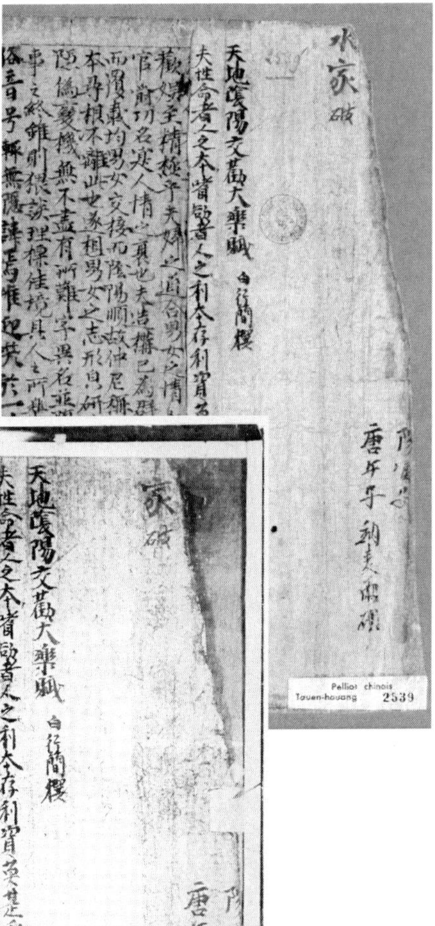


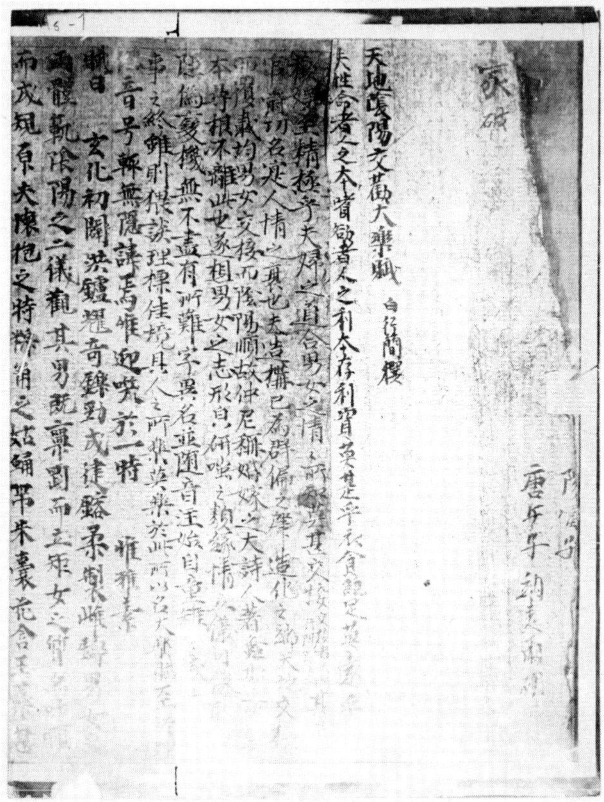


内
26-472

## 注

（1）玄幸子・高田時雄編著『内藤湖南敦煌遺書調査記録』（関西大学出版部　二〇一五年一月）および玄幸子・高田時雄編『内藤湖南敦煌遺書調査記録續編—英佛調査ノート』（関西大学出版部　二〇一七年三月）を参照されたし。以下玄・高田2015、玄・高田2017と略す。なお同書収録の論文「ノートから見る内藤湖南敦煌遺書英佛調査の實照」については玄2017と略す。

（2）本学内藤文庫所蔵　請求記号　L21**7*13-4

（3）ロトグラフとは矢吹慶輝編「燉煌地方出古写仏典ロートグラフ解説目録：シュタイン氏蒐集」（宗教大学　大正六年）によると「種版なしの寫眞なり。」と解説される。

（4）玄・高田2017　p.114

（5）International Dunhuang Project（國際敦煌項目）http://idp.bl.uk/

（6）一九六は七九六を誤写したものであろう。

（7）玄・高田2017　p.123

（8）玄・高田2015　p.456 上段

（9）磯部彰編『台東区立書道博物館所蔵　中村不折旧蔵禹域墨書集成［巻下］』（二玄社　二〇〇五年三月一八日）所収

（10）ここでも七を一に誤写している。

（11）玄・高田2017　p.97, 8

（12）玄・高田2017　p.92

（13）王重民輯『敦煌変文集』（北京：人民文学出版社　一九五七年）

（14）例を挙げれば申國美・李徳範編『英蔵法蔵敦煌遺書研究按號索引』（國家圖書館出版社　二〇〇九年一月）であるが、S.7の項目にはほぼ「故圓鑒大師二十四孝押座文」に関連する論考が列挙されており、『金剛般若波羅密經』に関するものはほとんど見られないといった奇妙な状況が確認できる。

（15）玄・高田2017　p.113 下段

（16）黄征・張湧泉校注『敦煌変文校注』（北京：中華書局　一九九七年）p.1156

(17) 飯田吉郎編著『白行簡大樂賦』（汲古書院　一九九五年一一月）p. 99
(18) 呉其昱著・伊藤美恵子訳「敦煌漢文写本概観」（『敦煌漢文文献』（敦煌講座5）大東出版社　一九九二年）
(19) 玄・高田 2017　p. 36, 287
(20) 同右　p. 404-407
(21) 同右　p. 282, 434
(22) 同右　p. 279, 430

**【執筆者紹介】（執筆順）**

| | |
|---|---|
| 内　田　慶　市 | 関西大学　名誉教授 |
| 沈　　　国　威 | 関西大学　外国語学部教授 |
| 乾　　　善　彦 | 関西大学　文学部教授 |
| 奥　村　佳代子 | 関西大学　外国語学部教授 |
| 田野村　忠　温 | 大阪大学大学院　人文学研究科教授 |
| 高　田　時　雄 | 京都大学　名誉教授・公益財団法人東洋文庫研究員 |
| 玄　　　幸　子 | 関西大学　外国語学部教授 |



**関西大学東西学術研究所研究叢書 第12号**

**周縁資料と言語接触研究**

令和5（2023）年3月15日　発行

編著者　奥　村　佳代子

発行者　関西大学東西学術研究所
〒564-8680　大阪府吹田市山手町 3-3-35

発行・印刷　株式会社　遊　文　舎
〒532-0012　大阪府大阪市淀川区木川東 4-17-31





ISBN978-4-910433-39-4 C3080

***Peripheral Materials and Studies of Language Contact***

## *Contents*